JN313718

カール・フォン・ヴァイツゼッカー［著］
小杉尅次／新垣誠正［訳］

自由の条件とは何か 1989〜1990

ベルリンの壁崩壊からドイツ再統一へ

BEDINGUNGEN
DER
FREIHEIT

Reden und Aufsätze
1989-1990

ミネルヴァ書房

BEDINGUNGEN DER FREIHEIT, Reden und Aufsätze 1989-1990
by Carl Friedrich von Weizsäcker
©1990 Carl Hanser Verlag München
By arrangement through Meike Marx Literary Agency, Japan

はじめに

本書は、計七本の論稿から構成されています。それらは、すべて一九八九年二月から翌一九九〇年三月までの一年二ヶ月の間に語られ、執筆されたものです。すなわち、互いに異なる場所と機会と動機のもとに五回の内外講演と二本の新聞掲載文が発表され、これらが今回こうした一冊の論集として公刊されるに至ったわけです。

一九四五年以降のヨーロッパ現代史の中で、恐らく最大の政治的事件だと評しうる決定的変革が、このわずか一年前後の歳月の中で生起しています。それが、大陸ヨーロッパの東部地域の社会主義六ヶ国における自由・民主革命、すなわち流血を伴わない自由な政治・社会・人間革命の勃発《ぼっぱつ》であり、その実現です。同時に、この一年余の歳月の間、そこでは、決して人目を引く華やかな形姿を取りはしませんでしたが、ヨーロッパ・キリスト教の長い歴史においてもきわめて本質的な出来事が進展したのです。

すなわち、それが一九八九年五月にスイス・バーゼル市で「社会正義・自由・創造の保持」という主題を掲げて開催された「全ヨーロッパ・キリスト教・エキュメニカル（教会一致）国際会議」です。また、一九九〇年三月、東アジアの一角に所在する大韓民国の首都ソウルで開催された「エキュメニカル・キリスト教国際会議」がそれです。ここでも、静寂な雰囲気のもとで、しかし熱っぽく「社会正義・平和・創造秩序の保持」を主題にした国境を越えた市民集会が開催されました。わたしは、個人的に以前からこれらの国際会議に関係して歩んできました。本書に収録された七本の論稿すべてが、直接的・間接的にこの二つの宗教（キリスト教）系国際会議に関連しています。

本書の論稿は、それらが成立した時間的推移に即して編集されています。また、本書には導入の一文、あるいは結論の一文が、いくつか登場してきます。それらは、各講演の前後で語られたものの一部が配置されたものです。読者諸氏は、それらを一読することによって、いわば本論にあたるそれ以降の文章をより正確に理解できるようになるはずです。

併せて、この導入と結論の文章は、本書に収録された講演と論文、あるいは新聞掲載文などの成立過程と背景を明確に理解する上で、役立つのではないかと考えています。本書全体を通して、読者諸氏は、一九八九年から一九九〇年、すなわち「ベルリンの壁」崩壊の年から翌年の「東西ドイツ再統一」の年までを、激動の時間の経過の中で、ヨーロッパ現代史と世界現代史に即して、包括的・大局的に理解できるであろうと確信しています。

本書には、現代ヨーロッパと現代世界が抱えるさまざまな問題を、わたしがどのような視点と視座から分析し、認識しているかが比較的簡潔に表明されていると考えてよいでしょう。いうまでもなく、この激動の変革期における主要テーマは、人間としての自由を獲得するための革命闘争の中で、いったいヨーロッパの、そしてドイツのキリスト教世界がどのような役割を担ったのか、そこでどのような歴史形成の努力をなしてきたのか——まさに、それらを探求することであるはずです。

これまで述べてきたところからも分かるように、本書の論稿はすべてが異なった場所や機会に語られ、執筆されたものです。本来それぞれ相互に独立したテキストとして読まれ理解されなければならないでしょう。これは、自明の事柄です。逆にいえば、各論稿には当然重複し合う箇所や叙述が、決して多くはありませんが出てきます。しかし、重複部分を割愛してしまうと、今度は論稿そのものが成立しなくなってしまいます。これは、不可避の事態だといわざるをえません。読者諸氏には、何よりもまずこの点をあらかじめ了解していただきたいと思います。同一箇所に出会った時には、その部分を読み飛ばして次へ進んでいただいて一向に構いません。

そこで、わたしは本書を正確に理解していただくために、それぞれ独立し異なった成立の背景を持つ七論稿について、ここで簡潔に小さな解説を加えさせていただきたいと思うのです。第一に、読者諸氏が本書の「目次」を注意深く一瞥《いちべつ》していただければ、そこに各論稿間の相互関係性と共通のテーマを明確に発見できるであろうと思うのです。七論稿をその成立の時間的経緯と背景に従って配置し直してみるならば、そこに一種のシンメトリーとでも呼びうるかたちが出現している事実に、読者の皆さんはお気づきでしょうか。

例えば、最初の講演（第一章）と最後の講演（第七章）の間には約一年という時間の幅というか、年月の経過が存在しています。まさに、この一年間ヨーロッパ大陸では人間と社会にとってきわめて本質的問題が、この時代の不可避の課題としていくつか浮上してきました。わたしは、こうした諸問題が三つの概念によって正しく言葉化されうると考えています。すなわち、それは平和、社会正義、そして自然界の保全という三概念です。これを、三領域の問題と呼んでも構わないでしょう。また、自然界の保全を、創造秩序の保持、あるいは被造世界の維持と代置して考察することも許されるはずです。これらの概念は、同時に現代キリスト教世界における最大の課題、すなわち和解と一致の進展と深化にとって最も重要なテーマでもあります。

しかし、これら最初と最後の論稿（二講演）は、宗教的かつキリスト教的側面の叙述だけではなく、可能なかぎり客観的、純粋に政治領域に対する分析も含まれているはずです。二講演の間には、確かに一年もの時間的距離が存在しています。しかし、そこには最も重要な課題として先に触れた「自由のための革命」という現代ヨーロッパ世界の一大変革が横たわっているのです。

そして、わたしはそこで政治的文脈における分析と解釈を展開しているつもりです。

ヨーロッパ大陸の外の世界に見聞される諸問題は、わたしの二講演においては共通した問題や課題を内に持つテーマとして、比較的詳しく取り上げられているはずです。結論を先取りしていうならば、世界情勢はこの一年間全体としてはほんのわずかしか変化を経験しなかったという事実の指摘です。一九八九年から一九九〇年の年月は、現代世界史全体としてはほとんどこれといった本質的変革を生じさせなかったということです。

二番目に配置されている講演（第二章）は、ソヴィエト連邦と東西ドイツが抱える国内諸問題に論及しているはずです。同時に、共通テーマとして、自由競争の原理に立つ市場経済と国家統制の原理に立つ社会主義経済との間にしぶとく存在する問題点や論争が取り上げられ、さまざまな角度から論じられています。

第二章と第六章は、いずれも現代ヨーロッパの宗教界の動向を、キリスト教会の一般的現状、端的にいえば和解と一致への努力の中から生み出されてきた論稿です。一九四五年以降わたしは、ドイツ人プロテスタント・キリスト教徒として長くこのテーマと取り組んできました。まず、第二章は、バーゼルで開催された全ヨーロッパ・キリスト教・エキュメニカル国際会議の閉会式の席上で行なったスピーチがその内容です。当然、これはこの会議に参加した一般聴衆を相手に語りかけられた言葉です。

第六章は、東アジア、すなわち大韓民国の首都ソウルで開かれた世界教会会議（一般的に、英語でWCC：World Council of Churches と呼ばれています）の分科会で発表したわたしの発題内容について、帰国後ドイツのある新聞社の求めにより寄稿した文章が中心になった論稿です。ヨーロッパだけでなく、現代のキリスト教界の現実と課題を念頭に置いて、わたしの時代認識を論じているはずです。現代世界における宗教の総括と未来展望が、ここでの中心テーマだといってもよいでしょう。

合計七論稿のちょうど真ん中に位置しているのは、第四章の論文ですが、ここでの中心的テーマは現代の世俗社会一般と宗教のあるべき関係の省察です。より正確にいえば、ここには現代ヨーロッパ世界と現代キリスト教の創造的相互関係に関するわたしの理解が披瀝《ひれき》されている箇所です。別な言い方をすれば、この論稿では最初に現代世界の政治問題をめぐる分析と評価がなされ、次にヨーロッパ近代史へ目を向ける考察が登場します。その具体的事例として、紀元後一世紀以降の長いキリスト教の伝統と一八世紀フランス啓蒙主義思想との折衝や関係が、主題として取り上げられているのです。

この論稿は、講演形式でなされたものですが、その最後の部分では現代世界の諸宗教における相互の出会いと対話の可能性や展望、さらには、その具体的道筋をわたしの立場から提示した箇所になっています。わたしの確信によれば、まさに現代においてこそ世界に存在する諸宗教は、一方でそれぞれの立場や救済観を保持しながら、他方で積極的な相互の対話を開始しなければなりません。

第三章と第五章の論稿について一言します。これらの二論稿は、一見互いにまったく関係がないかのような印象を与えるかもしれません。しかし、そうではありません。両者は内容面で実は深く結びついているのです。第三章は、ドイツを代表する文学者・思想家のフリードリヒ・フォン・シラーとヨハン・ヴォルフガング・フォン・ゲーテに関する公開講演、第五章は新聞社の求めに応じて執筆した論文です。ここでは、現代の東ヨーロッパ諸国・社会に対する西側自由主義諸国による、いわゆる〝マーシャル・プラン〟、しかもその緊急な政策実施の要請を中心とした論の展開がなされています。

シラーとゲーテをめぐる議論では、ドイツの精神史において一八〇〇年前後にこの国で最盛期を迎えた〝ヨーロッパ啓蒙主義〟という、すでにヨーロッパ大陸では定着し根を張った巨大な歴史的実験と運動を念頭に置きながら、彼ら二人が現代に問いかけている問題や課題はいったい何であるのかを、わたしなりの視点から考察した内容になっています。中心テーマはそれです。この論稿は、いわば第四の論稿に対するより掘り下げられ、深められた注釈であるといってもよいでしょう。

これに対して第五章は、東ヨーロッパ世界に対する西側の支援の緊急性とあり方をめぐる議論が展開されていますが、中心テーマとしては当事者の自助努力と正しい支援の姿勢がキーワードになっていると考えてよいはずです。同時に、この論稿でわたしはヨーロッパ世界の近未来像にも言及しているつもりです。すなわち、現代世界に対するヨーロッパ大陸の独自の役割・貢献論の展開です。

本書の出版に際して、多くの方々にわたしは深い感謝を捧げるものですが、何よりもまず講演と執筆の機会を提供してくださった方々に深甚の感謝を捧げたいと思います。次に、本書の出版を快く引き受けてくださった出版元のカール・ハンザー社に心から感謝します。第三、そして最後に、わたしは秘書のルツ・グローセ女史に感謝します。その献身的な協力によって、彼女は本書の出版を可能にしてくれたからです。

一九九〇年四月

シュターンベルクにて

カール・フォン・ヴァイツゼッカー

自由の条件とは何か 1989〜1990

——ベルリンの壁崩壊からドイツ再統一へ

目次

第1章　平和・社会正義・創造の保持

　本日、演題としてわたしが掲げたタイトルは、「平和・社会正義・創造の保持」です。実をいえば、これは主催者側のテオドール・ホイス平和財団がわたしに語るべく与えてくださったテーマですが、同時にこれはキリスト教団体「世界教会会議」（ＷＣＣ）がここ十数年来最も重要な課題として取り組んできたスローガンでもあります。この平和・社会正義・創造の保持、そしてそれらをめぐる諸問題は、一九九〇年三月東アジアの一国・大韓民国の首都ソウルで開催されたエキュメニカル・キリスト教国際会議で、スイス・ジュネーヴに本部を置くＷＣＣ主催の国際会議の席上、熱っぽく議論されたテーマでもありました。

　さて、このテーマ自体はキリスト教という特定の宗教領域に由来し、このような用語へ定式化されたものです。テオドール・ホイス平和財団は、一九六五年最初の授与式をきっかけに、財団固有のスローガンを掲げるに至りました。それが、「自由の正当な行使に関するテーマ」でした。

この財団と世界教会会議、この両者が掲げたテーマは相互に密接な関連があります。すなわち、真実な自由の行使は、社会正義を伴ってこそ可能となり、人間がそこに呼吸している自然界を正しく救済してこそ承認されるのだ——両者のそうした共通理解です。

人間の共生にとって根源的価値を代弁する自由は、わたしたちが生きるヨーロッパ世界に起源を持つ概念ですが、同時にそれはある別の系譜に由来します。すなわち、自由の思想は一八世紀啓蒙主義の政治的文脈にその起源を持っているのです。

わたしたちは、現時点、すなわち一九八九年二月（「ベルリンの壁」崩壊の九ヶ月前——訳者）の現在、二〇〇年前に勃発《ぼっぱつ》した革命、自由を切望した偉大な希望の革命、あのフランス市民革命をあらためて想起させられるのではないでしょうか。そこで、わたしも本日こうした歴史的経緯を念頭に置きながら、自由、あるいは平和、社会正義や創造の保持といった、元来世界教会会議から生み出されたテーマを取り上げてみたいと思います。それゆえにこそ、わたしとしてはこれらのテーマの考察を、一八世紀フランス啓蒙主義運動の政治的文脈から開始してみたいのです。自由・社会正義・創造の保持を、そうした光のもとで今一度論述する機会として、本日のお話をさせていただきたいわけです。

啓蒙と宗教の関係、あるいは理性的合理主義とキリスト教信仰の関係は、ヨーロッパ史を見るかぎり文字通り緊張の連続でした。理性と合理主義を政治の世界に実現しようとする情熱は、キリスト教会のもとでは結局のところ成就できなかったという現実を、何とか自分たちの手で実現したいという点にありました。要するに、キリスト教徒は二〇〇〇年のヨーロッパ・キリスト教史の中で自由や社会正義、あるいは創造の保持の実現には失敗したのです。一八世紀啓蒙主義の信奉者たちは、キリスト教会の実践が未完成に終わっていると理解し、批判を浴びせかけたのです。

しかし、わたしたちは、同時に次のように自問自答すべきでしょう。一七八九年に勃発したフランス市民革命は、本当に当時の社会と人間に対して平等と自由、そして友愛をもたらしたのであろうか。こうした問いかけが、今必要です。フランス革命は、結果として新しい別の階層と支配を産み出してしまったのではないでしょうか。ブルジョワ市民階層の中に特定有産者が出現し、支配する現実、理想の社会主義社会の中で特定幹部が差別的支配を誕生させた現実、などがその具体例です。こう考えることが許されるならば、わたしたちも確かに啓蒙思想の実現は、今に至るまで未完成のまま残されているといってよいでしょう。そして、未完成の状態は致命的であり、深刻です。現在の時点で、わたしたちはこの未完成のフランス市民革命をどのように考え、どのように対処すべきなのでしょうか。

啓蒙思潮の未完の現実を、どのように考えたらよいのでしょうか。まず、この問題から入っていきましょう。イマヌエル・カントは後期著作『永久平和論』の中で、啓蒙思想の政治的実現の道、換言すれば政治的啓蒙主義における最も理想的な道筋が「永遠平和の実現」にあると論じています。人間は、法的基礎の上に築かれた国家に生きる存在です。カントの表現を借りていうならば、〃(普遍的公的立法・権力を伴う立法のもとにある)市民的状態〃のもとに生きているのが、人間です。しかし、対立し合う国々は、今も変わらず〃万人の万人に対する戦い〃という状態の中に置かれています。他方、市民社会の本来的姿は、理性の要請によって創出されるものです。カントは、法に即応した行為としての適法(合法)性と、法に対する尊敬からなされる行為としての道徳性を区別して考えていました。ここでいう法とは、理性が要請する戒めを指します。すなわち、「行為の格率がつねに普遍的な法則と一致するように、君はふるまいなさい」ということです。法律的適法性を道徳的普遍性と区別する思想と手法は、恐らくヨーロッパ近代の政治規範における最大の進歩であったといってよいでしょう。別言すれば、このわたしはわたし自身の責任で道徳的普遍性を要請しなければなりません。

同時に、このわたしは共生する他の人間、すなわちわたしの隣人を心から尊敬する道徳的要請を受けるのです。わたしと共生する人間、隣人の道徳性を裁く行為は、わたしにふさわしい事柄ではありません。市民的行為の適法性については、世俗世界の裁判官諸氏が実定法に照らし合わせて考え、判断してくれるはずです。制度化された戦争は、豊かな人間性を育てる法の原理には決してなりえません。換言すれば、制度的に合法化されたこの殺人行為は、自分が所属する集団と、自分とは利害を異にする他の集団との間で覇権をめぐって繰り広げられる戦闘を指すわけです。そうだとすれば、それが普遍的な制度に合致しないのはきわめて当然です。

次に、わたしたちは今何をなすべきかについて考えてみましょう。この問題の考察にあたり、わたしは個人的問題に言及し、あるいはわたし個人の思想形成に触れさせていただきたいと思います。わたしの幼少時代の最初の思い出は、一九一五年にまで遡《さかのぼ》ります。シュトゥットガルト近郊のゾリトューデにおける思い出です。それは、第一次世界大戦が勃発した翌年でした。成人男子の多くは、どこか遠方の戦場へ出かけ、家にはおりませんでした。後に、わたしはその遠方の場所が〝前線〟と呼ばれることを知りました。その戦場は、ドイツからずっと離れた、遠くて恐ろしい村だと教えられもしました。わたしの記憶は、さらにゾリトューデの古城近くにあった戦病者収容病院にまで遡るのです。厚い包帯をぐるぐる頭に巻きつけた帰国兵士、松葉杖をついて歩いている傷病兵。母が看護師としてその病院で働き、帰還した傷病兵の看護の任にあたっていたからです。

二〇歳になったわたしは、物事や事象を政治的に考えることに目覚めました。列強間の紛争や失業、ベルリン市内の政治的デモ、その隊列。一九二九年一月、ギムナジウムでの歴史の授業中、退屈のあまり見た白昼夢。重たく落下する大粒の、しかもすべてが粉々に砕けながら地上に舞い落ちる雪片。そして、それから一五年経った一九四三年のベルリン。その光景は、わたしが一七歳の時学校で見た白昼夢とまったく同一の状況でした。まさに、この都市は連合軍の空爆によって粉砕されてしまったのです。

しかし、当時わたしは将来に対しても何かを予感していました。今から五〇年前、すなわち一九三九年の一月に核物理学者フェルディナンド・ハーンは、中性子研究を通してウラン分裂の発見を世界に発表しました。それから間もなく、ヨリオットが、第二次中性子が核分裂によって遊離可能な事実を発見しました。世界の核物理学者たちは、その時点から核物質の連鎖反応、すなわち、原子爆弾と原子炉の開発と製造が可能となるであろうと予感したのです。そのことがわたしにも明白に理解できました。同じ日、わたしは親友のゲオルク・ピヒト（戦後、ドイツを代表する教育哲学者となる――訳者）を訪ね、二人でこの問題について徹底的に議論を重ねました。核爆弾の開発と製造が可能となった以後の人類の未来について、わたしたちは話し合ったのです。ところで、わたしは本日この席上で盟友ピヒト教授について一言お話しできることを、大変うれしく思っています。彼は、一九六五年にドイツ連邦共和国（西ドイツ）初代大統領を歴任したテオドール・ホイスが創設した貴平和財団から、最初の受賞者として顕彰された平和擁護者・哲学者・教育家です。第二次世界大戦勃発の年、すなわち一九三九年わたしたち二人は少壮研究者として議論を重ね、結局次のような結論に至ったのでした。人類は、今後制度化された戦争を絶対に克服しなければならない。そうしなければ、核兵器生産が現実化しつつある現在、人類の生存は考えられないだろう。理論的に、核爆弾の製造が可能になったわけですから、それが実際に生産される日は必ず来るはずだ。生産されれば、それは間違いなく戦力として投入されるだろう。万一、戦場に投入されるならば、味を占めた人類はもはや原爆を手放すことはしないだろう。物理学者レオ・スティラルドは、五〇年の歳月の間にこうした事態がどのように展開していくかに関して次のように述べました。

「ここには、人類が原爆を免れることが可能かどうかの問題ではなく、いかにして原爆と共存していくかの問題が存在するのです」。

原子爆弾が、この地上からすべて消滅することなどありえません。問題は、人間が実際に原爆を製造可能であるという〝知の現実〟に、わたしたちがどこまで耐えうるのかということです。「原爆と共存する」という現実は、従来型政治を踏襲したり、逆に原爆製造と使用を積極的に志向する政治の展開を拒否するのです。「原爆との共存」の現実は、わたしたちに徹底した変革を政治の領域で要求しているのです。それは、原爆の独占、あるいはその生物学的・化学的・技術的武器使用に対していかなる場所も提供してはならないからです。「原爆との共存」とは、最終的に制度化した戦争の克服へ連動していかざるをえません。

「戦争の克服？　それは最初から不可能ですよ！」と主張する人がいることでしょう。あるいは、「この科学技術の時代に、人類の未来なんてありえません！」とさえいう人もいることでしょう。確かに、第三次世界大戦が勃発する可能性は残っています。また、人間的な、技術的なミス、あるいは誤算や偶発的出来事によって戦争が起きることもありうるでしょう。そうした危険や可能性は、なお今日でもあります。しかし、「制度化された戦争の構造は、人間本性の必然的結果である。だから、それを阻止したり、克服することなど絶対に不可能だ」と断定してしまうことは、許されることではないでしょう。

ここでは、むしろ意識の変革、そして行動の変革こそが急務です。そして、それはより現実的です。皆さんには、あのシュトゥットガルトの一件を一度思い出していただきたいのです。現代の選挙は、適法（合法）性という点ではかつての時代と比較するならば、選挙法に準じて戦われているといってよいかもしれませんが、時代全体の適法（合法）性とは違います。わたしは、子どもの頃学校で「ドイツにとって、フランスは不倶戴天《ふぐたいてん》の敵です」と教えられたものです。しかし、これは本質的に間違った歴史理解でしょう。ただ、幸いなことにわたしは家庭で両親から一度としてそのような教育を受けたことがありませんでした。いわんや、戦後の現時点で「フランスは、ドイツの仇敵《きゅうてき》だ」などというイメージを抱くドイツ人など皆無でありましょう。意識と行動の変革が求められるのは当然です。

ところで、わたしたちの論点は多くの未解決の問題を解決可能な思想的根拠、そしてそこで何をなすべきかについての具体的な行動指針を明らかにすることであるはずです。別言すれば、わたしたちの課題は自由と社会正義、そして創造の保持に即しながら、思考と実践の探求を進めていくことにあります。

まず、最初に自由の考察から論を進めていきましょう。ここ数十年来の紛争を中心に考えるならば、まず東西間の紛争、より正確にいうならばアメリカとソ連の間の対立と紛争が挙げられます。この対立と紛争は、人類全体の死活に直結した最も危険な、端的にいえばまったく不必要な対立であり、紛争でした。しかし、この紛争と対立は、太古の昔にすでに存在していたあの〝主導権獲得をめぐる争い〟のいわば現代版だというべきでしょう。そこでは、技術・経済・知性といった諸領域で本来一体化可能な文化圏における対立と紛争なのです。ヨーロッパ史にそうした事例を見るならば、わたしたちは例えば古代地中海世界に繰り広げられたローマとカルタゴの主導権争いや古代中国、孔子時代の漢帝国に見られた王侯たちの対立と紛争、あるいは近世・近代ヨーロッパ史における大英帝国とフランスの間、さらにはドイツ・プロイセン王国とオーストリア帝国との間に展開された熾烈なヘゲモニー争奪戦などを挙げることができるはずです。二〇世紀後半の現在、主導権独占をめぐるこうした争奪戦は宇宙的規模にまで拡大し展開されているといってもいいでしょう。

確かに、イデオロギー上の対立や紛争は現実に存在しています。これの持つ本質的問題性について、わたしは後に〝社会正義〟を論じる際もう一度言及するつもりですが、この種のイデオロギー問題に起因する対立と紛争が、戦争正当化の根拠としてはあまりにも不十分であるという点は、ここで指摘しておく必要があります。一般的に、この種の対立や紛争は主導権争奪をめぐる戦いにおいて、いずれの陣営も思想的に自国の立場を正当化する武器として表舞台に持ち出す手段に過ぎません。ですから、覇権競合の渦中にある敵と味方双方に、かすかであれ平和共存の可能性が生まれてくるや、双方の対立と紛争は直ちに解消されるといった性格がそこに顕在化するものです。例えば、ヨーロッパ史においてイギリスとフランスはつねに主導権争いを引き起こしました。両国には、対立と紛争が絶えませんでした。けれども、そうした両者がひとたびイデオロギー上、あるいは覇権争奪をめぐる対立と紛争を繰り広げなくなったからといって、何か失われたものが双方にあったのでしょうか。皆無です。すなわち、イデオロギー上の対立や紛争は、いくらでも解決可能だということです。

この紛争問題では、アメリカ合衆国は他の国々より徹底しています。この国は、経済的に完全に優位な立場に立ち、同時に最新の技術を所有しています。イデオロギー面で、アメリカはいかなる弱さがあろうとも、国際社会に向かってそれを納得させてしまう強靭《きょうじん》さを持ち合わせています。軍事的にも、終始自国を優位な立場に置くことによって、アメリカは自分の意志を貫徹させようとしています。

換言すれば、ソ連はこの間わずか軍事面においてだけ、アメリカと対抗できたということです。しかも、その際ソ連はそうした軍事優先政策を、旧来のロシア的伝統を墨守する中に推進してきたのです。わたし個人は、すでにずっと以前から、正確にいえばすでに八〇年代初頭の時点でイデオロギー上のこの問題に気づいていました。両国間の対立と紛争に関して、深刻な懸念を抱いてきました。その懸念とは、ソ連政府の軍拡政策が頂点に達した時点で、まさにそれを発端として、今度はアメリカ側の新たな軍備増強政策を挑発するに至るのではあるまいかといったものでした。そのように考えますと、現代国際政治の動向に見聞される〝緊張緩和〟(デタント)の歓迎すべき状況は、ひとえに一九八五年以来ゴルバチョフ大統領を筆頭にしたモスクワ共産党指導層に存在したところの〝健全な人間悟性〟の勝利の所産として理解すべきでありましょう。東ヨーロッパ諸国がそのような対応を示したのであれば、今度は西側自由主義諸国にもこうした人間の〝健全な悟性の感覚と判断〟が期待され、要請されてくるのではないでしょうか。

軍備縮小問題、すなわち〝軍縮〟は、〝軍拡〟と共に、この時代におけるきわめて現実的なテーマです。率直に告白するのですが、これまでわたしは平和を軍縮への道程としては真剣に考えてきませんでした。平和への道としての軍縮――わたしは、それをほとんど信じなかったわけです。しかし、今は違います。古来、武器は軍事的に重要であると考えられてきました。しかし、その武器の廃棄、すなわち軍縮が同時に自発的になされたことは、これまで一度もありませんでした。例えば、この原子力時代の現代において、大陸弾道中距離ミサイルはもはやそれほど実際的、あるいは軍事的な必要性など存在しません。けれども、残念ながらそれを米ソ双方が廃棄しようと自発的に動いた形跡は見当たらないのです。

そうした中、注目すべき現象が起こりました。すなわち、東側のソ連共産党指導陣は、軍備拡張に投入する諸経費を削減することが、同時に国内の経済領域に大きなプラスの波及効果をもたらすという事実に、気づき始めたのです。わたしは、彼らのこうした関心の姿勢を高く評価する者です。なぜなら、まさにモスクワの共産党幹部たちが抱き始めた関心こそ、自由主義市場経済の基本原理、すなわち公正な自由競争に立脚した利潤の追求という健康的な野心であり、その意味で今彼らはきわめて〝健全な利己主義〟に目覚めたのだと申してよいからです。少なくとも、わたしはそう考えたいのです。

交渉のテーブルに座る余地のある局面へ入ることは、何はともあれ〝共存〟を受け入れる第一歩を踏み出したことを意味するでしょう。こうした前進は、これまで見られたような長期の停戦持続などではなく、新しい平和創造の礎石になりうるはずです。

ただし、当面の課題としてより重要なことは、ヨーロッパ大陸に現存する軍備全体を、攻撃的ではなく防衛的な性格へとその構造を変革する努力でしょう。少なくとも、内部で、あるいは相互に十分な信頼関係が確立されていない現下の東西関係を見るかぎり、軍縮の推進以上にこの取り組みの方がより緊急であるというべきです。現在の時点で技術的に可能な作業は、従来の軍事システムを攻撃にではなく、防衛を主体とした軍備体系へと構造転換させることではないでしょうか。

貴平和財団が、今年もまたテオドール・ホイス賞を授与される予定であれば、わたしはこの賞を誰よりも先にホルスト・アーフェルト教授に授与していただきたいと願っております。わたし自身、彼から決定的な認識を与えられました。他の方々も、是非彼から多くを学んでいただきたいと切望しております。アーフェルト教授は、その著『戦争の結果とその予防』（一九七一年）の中で、東西間の従来型〝威嚇による均衡政治〟の体系が内包する致命的欠陥を詳細に分析しています。その後、彼は続く著作『防御と平和』（一九七六年）を通して、〝予防的防衛〟という概念を精緻、かつ論理的に検証したのです。現在、国際社会の中で彼のこの概念は、正当な市民権を獲得し人々から大きく注目されています（例えば、ブトロス・ブトロス＝ガリ元国連事務総長の〝予防外交〔preventive diplomacy〕〟）。

とはいえ、現下の緊急問題は、地球の南側地域・発展途上諸国で繰り広げられている紛争と、それらをめぐる南北間の深刻な国際関係であります。一九四五年以降、確かに核兵器を使用した戦争は勃発しませんでした。けれども、核武器を行使しない戦い、すなわち通常兵器による戦いや紛争は、この六〇年近い歳月の間に一三〇回を超える数で生起しているのです。ただし、そうした紛争の多くは北側列強諸国のいわゆる〝代理戦争〟としてではなく、最初から当事者による〝局地的・地域的〟戦いとして展開されてきました。それが従来のイデオロギー戦争とは異なる第三世界の紛争形態です。その際、南側地域のこうした紛争や戦いに〝自発的に〟関わろうとする北側先進工業諸国の関心は、圧倒的に武器輸出から得られる莫大な利潤の追求にあります。しかし、わたしには、北側が展開するこうした武器輸出の現実を公正な自由競争の原理に立脚した〝健全な利己主義〟の行為だとは到底考えられません。むしろ、北側のこの行為は、愚行ですらあると批判する者です。いったい、ヨーロッパ大陸や北アメリカ二国は、自由を欠落させたこの世界に自分自身も身を置きながら、いかにして真の自由と安全を満喫できるというのでしょうか。それは、欺瞞《ぎまん》というべきです。

かくして、構造化された戦争の克服というテーマは、発展途上諸国における紛争と戦いに対しても、等しく有効な射程距離を保持していると考えることができます。

次に、社会正義についてしばらく考えてみましょう。たった今、わたしたちは考察の目をこの地球の南半球へ向けました。まさに、ここに、この時代の対立と紛争の第二の形態が見られるといってもよいでしょう。すなわち、現代世界の南北問題、もしくは南半球と北半球の間の対立と紛争の現実です。そして、ここでの最大のテーマは、南側諸国・地域に居住する人々が突きつけている社会正義の要求をめぐるものです。その要求とは、文字通り貧困のど真ん中に生きている人々の社会正義を貫徹せよとの要求、あるいは社会正義の実現を求める激しい叫びです。

ここに見られる紛争は、何よりもまず南側諸国・地域自体が抱える内政問題として出現しています。言葉を換えていうならば、南半球の諸地域に存在する対立と紛争は、貧困と富裕の対立的問題、あるいは一握りの富裕な社会層と大多数の貧しい社会層の間の深刻な内部対立としてあるということです。ブラジルの首都サン・パウロ、この大都市に海のごとく広がる無数の超高層ビルに目を向けてみるならば、わたしたちはそこでいかに巨額の資金がその建設に投入され、それゆえにどれほど巨万の収益が上がり、どれほど数知れない投資がそこになされたかを、手に取るように理解できるはずです。

けれども、同時にわたしたちは、この大都会に豊かさと並行するかたちで、低所得者居住地区や極貧スラム街、あるいはもろい作りのバラック家屋があることも知っています。もし人がこの地域に足を運び、つぶさに観察を試みてみるならば、そこに居住する大多数の住民が手の打ちようのないほどの貧しさの中で毎日を過ごしているという人生の厳しい現実に触れるはずです。ほとんどの住民は、ここに生まれ、ここで死を迎えています。まさに、南北問題を考えるとは、こうした現実と正面から向き合うこと以外の何物でもありません。とりわけ、ここで忘れられてはならない認識は、南北間の対立と紛争が現代の世界経済と密接不可分の関係にあるという現実、さらにはその世界経済が圧倒的に現代の北側自由主義諸国、すなわち豊かな先進工業諸国の支配下に組み込まれているという現実です。

わたしには、これは現代国際社会にとって回避できない本質的問題であり、同時にその解決が最も困難な問題であるように思われてなりません。とはいえ、これはわたしたちが今喫緊の課題として真剣に取り組むべき問題に他なりません。しかし、いったいこれらの問題はどこにその原因が潜んでいるというのでしょうか。あるいは、将来どのような適切な対策が求められるべきなのでしょうか。

この問いかけに対して、ある人々はしばしば政治的・経済的状況を決定的因子と考え、そこから原因究明を試みます。自分の生活が確実に保障されている北側の市民たちは、南側の国々や諸地域に現われたこの悲劇的現実の原因を、主にそこに見られる爆発的な人口増加に見出そうとします。あるいは、南側発展途上国の代弁者を自認する北側人士たちは、現代世界経済の資本主義的性格、すなわち搾取や人間疎外といった悪しき〝資本の論理〟の中に根本原因を求めようとしています。社会の上層に所属する人々は、南側のこうした悲劇的現実の原因をもっぱらその文化的後進性、あるいは人種的貧困性の中で解明しようとするのです。原因究明と分析は、さまざまになされうるでしょう。しかし、では真相は、いったいどのようにしたら解明されるというのでしょうか。

人口増加という現象は、医学の進歩や生産の向上、あるいは物資輸送手段の改善などによって、一言でいえば、現代科学・技術文明の恩恵に浴して初めて可能となったのです。この文明は、栄養失調による子どもたちの若年死を防止する段階にまで達しました。ところが、人間はそうした卓越した力を生活環境の改善のために使用することや、次の世代の人間に伝達することができなかったのです。進んで伝えようともしませんでした。先進工業諸国は、生活が豊かになると幼児の数を制限することもあるという経験的事実を人類に指し示しているのではないでしょうか。ところが、これとはまったく反対に、貧しい、とりわけ農村の家庭では、子どもは貴重な労働力として、あるいは両親の老後を介護してくれる後継者としてできるだけ多く必要とされているのです。いずれにせよ、生活上の豊かさはきわめて本質的な事柄です。しかし、生産がどれほど向上し増大したとしても、それ以上のスピードで人口の増加が加速化していくとしたら、いったい生活自体の豊かさはどのようにして獲得できるのでしょうか。

資本主義を批判する人々は、必要な物資や財貨は十分生産されてはいる、問題はその分配が不公平に行なわれている事実にあると主張します。この問題は、先ほどわたしが一言したようにイデオロギー上の対立と紛争に関係してきます。一八世紀末のフランス市民革命も、経済的側面における自由のために戦い、後見役としての国家から、何とか市民を解放するために努めました。アダム・スミスが理解する意味における市場経済の原則には、元来権威主義を否定する性格があったのです。実際にその後の歴史が指し示したのは、自由主義市場がどのような国家統制・計画経済以上に、大量かつ良質の物資と財貨を生産するという事実でした。そして、その理由は単純明快です。国家による計画的統制経済と比べて、ここ自由競争の原則に立つ市場経済のもとでは、知性と自主性が実に多くの人間によって担われたからです。

けれども、市場経済そのものが物資や財貨を平等に分配する力を何一つ所有しているわけではありません。一例を挙げれば、一八世紀イギリス産業革命の初期段階に見られた（マンチェスターやロンドンの）工場労働者の劣悪な就労状態は、当時全世界にあまりにもよく伝えられた悲惨な現実でした。カール・マルクスは、経済における公平な分配、すなわち社会的正義の貫徹、さらには社会生活における個人的自由の実現を、社会主義思想の中に大きく期待した人間です。ところが、その後の歴史は彼のそうした期待を見事に裏切る結果をもたらしたのです。それが、硬直した官僚的管理体系の出現です。後代の人々は、その原因をマルクスの思想にまで遡及《そきゅう》させて批判するに至ったほどです。

ヨーロッパ北部の工業諸国では、確かに社会的不平等という問題を軽減することには成功しました。しかしながら、その実態は社会に事実として現存する貧困を、意図的に一群の社会的少数者たち、すなわち恒常的な失業者の群れや先住民族グループなどに限定する政策として展開されたのです。ですから、今日スカンディナヴィア諸国では社会的少数者をめぐる諸問題が、あらためてこの地域全体の切実な社会問題として再浮上してきています。それらは、具体的に法治国家という手段によって、換言すれば団結権や争議権、法制化による少数民族の社会参画権の保障と確立、あるいは議会制民主主義の活用といったさまざまな手段を介して、実現されつつあるといってよいでしょう。

しかし、利害調整の問題を比較論で論じる普遍的枠組みが存在しないかぎり、同様な事例を世界市場の中に見出すことはほぼ不可能です。とはいえ、以下の諸点はそれなりに一般性があるといってよいはずです。①世界平和の確保、②国際法に提訴可能な法秩序の確立、③環境保全に関する国際的合意とその実現、の三項目です。人類全体の破局を前にして、その回避のための努力を控えるのは、知的誠実さを欠いた態度です。わたしたちが自分を偽らないかぎり、多様性を帯びた世界文化の伝統が保持するさまざまな要素を過小評価することは、決して許されないはずです。異文化の伝統を正当に評価しさえすれば、例えば東アジア人が実権を掌握しているような経済市場であっても、困難な対応問題などありえないとわたしには思われるのです。

世界平和の必要性は、わたしたちには当初から明白であったのです。だからこそ、国際政治の領域であらためて、そして最初に要請された組織が、他ならぬ国際連合（UN）だったのです。とはいえ、残念なことに、現在の国連に存在しているのは二大勢力間の亀裂です。すなわち、少数派であるにもかかわらず、支配圏を要求する北側先進工業諸国と、圧倒的多数派でありながら影響力を行使できない南側発展途上諸国との間に存在する、分断された関係です。しかしながら、国連では南北間にこうした亀裂と分断が支配的であるとしても、局地的・地域的な戦争の予防は両者に共通した現実的関心事ではないでしょうか。戦争の予防措置以外にも、例えば南北間の債務免除といった共通問題も、緊急な課題として浮上してくるはずです。しかし、本日の講演では時間の関係上、もはやそこまで立ち入って論じることができません。その点、どうかご了解ください。

同様に、時間の制約上わたしは、分配の公平性という社会正義の貫徹とまったく同じ重要性を持つ他の正義の問題、すなわちさまざまな人間としての権利・人権にまで詳細な論を展開することができません。人権問題を今論じることの必要性と重要性のみを、ここでは指摘させていただきます。人権を容認しない政府であればあるほど、国民に対して不安を抱くものです。なぜ、政府は国民に不安を抱くのでしょうか。その理由を最も正しく知っているのは、わたしたち国民ではなく、恐らく政府自身なのではないでしょうか。

第三、そして最後の論点、創造の保持について考えていきましょう。科学・技術革新は、農耕中心文化、そして渓谷中心文化の中で開始された改革を実現するかたちで展開されました。科学・技術革命とは、要するにこの地球の生命体である自然界を人間が自分の手で根底から変えてしまった現象なのです。今日この技術革新は、自然界の気候変動にまで甚大な影響を与えるほどになっています。例えば、わずかここ数百年の間に、何十億年をかけて作り上げられた地球の化石燃料を大量消費することによって出現した大気圏温室効果ガスの放散現象は、そうした事例の具体的証拠ではないでしょうか。

ですから、もしわたしたちが技術革新の推進のために今後も必要と考える地球資源の利用を、自発的に制限、あるいは断念しようという禁欲倫理の必要を真剣に願うのであれば、そこでは世界全体に妥当するグローバルな禁欲モラル、すなわち普遍的な禁欲倫理が確立されなければならないでしょう。これは、現代の不可避の要請になるはずです。

けれども、こうした新しい禁欲の倫理は、貧困、伝染病、あるいは暴力などの支配下にあったかつての文化世界へ回帰する倫理であってはなりません。反対に、グローバルなこの倫理は、その根底につねに人間の健全な悟性に立脚した倫理でなければならないでしょう。すなわち、この倫理観のもとで、豊かに成熟した分別の心をもってこの時代の科学・技術の営み全体を正しく制御できる力を発揮するのでなければなりません。新しいこの倫理は、この原則の遵守において初めて存在する意味を持つことになるはずです。この時代にこそ、科学・技術の営みが望むと望まざるとにかかわらず産み出す多くの結果に対して、その本質を明確に洞察し、識別できる禁欲倫理が、最も切実、かつ緊急に求められているのです。

真に必要性と可能性のあるものを識別し、実施する上で、わたしたちに残された時間は多くありません。わずか数十年に過ぎないと考えるべきでしょう。法治国家においては、破壊を防止する措置は十分講じられるはずです。なぜなら、そうした破壊はまさにその国の足元に原因を持っているからです。法治国家の原理に従えば、一般的に〝自己責任の原則〟によって、環境破壊の責任の一部は明白に生産者の側にあるとされています。環境税の導入といった税制改革上の措置も、国によっては当面有効なのかもしれません。環境領域における税制の改革によって、例えば地球資源の再生エネルギー化事業は、きっと競争力をさらに発揮していく活動や企業体へと成長していくはずです。

わたしたちにとって推進すべき最も重要な課題は、一国を超えた国際的合意の確立です。自国の国境を大きく超越することなくして、地球規模の大破壊や損壊に有効な対策を講じることなど、到底できないでしょう。一国だけが孤立し、単独で環境保全対策を開始しても、不利益を蒙ることの方が多いでしょう。なぜかといえば、その国も現代世界の過酷な競争市場の渦中に投げ込まれているからです。単独では、十分対抗できないのです。まさに、わたしたちはこういった局面に出会って、あらためて現代世界に、普遍性と公平性を具備したグローバルな規制措置の導入が必須であることを痛感するのではないでしょうか。わたしたちは、このような機会を通して現代世界に生起する多種多様な問題や課題に対して、外界に広く開かれた、共通の感覚を持って自分自身の意識変革を可能にしていくのです。

（テオドール・ホイス財団平和賞の受賞記念講演、一九八九年二月）

第2章　和解と一致――スイス・バーゼルにて

わたしたちは、今回この集いの中で記念植樹をしました。大陸ヨーロッパの各地域からこのバーゼルに参集した記念に、わたしたちは一緒に一本の木を植えました。

樹木は、創造された自然界の構成要素として、被造物としての人間と同格の位置にある生命体です。植物としての樹木と、動物としての人間は、その意味で〝創造〟された存在として互いに深く結合した関係に立っています。新約聖書を読み進めていきますと、「福音書」の中でイエス・キリストが、しばしば譬話《たとえ》、あるいは比喩の形式によってこの創造の神秘を口にし、実現しつつある神の国の始まりを説明しようとしている点に気づかされます。彼は、それによって人間を正しく理解しようと努めたのでしょう。例えば、イエスにおける〝創造の比喩〟とは、野山に咲いている白百合の花、成長すれば立派な大木にもなるという小粒の芥子種《からし》、あるいは天空を飛翔し木々の小枝で巣作りに励む野鳥たち、といった具合にです。

ご参集の皆さま、わたしたちは会議を終え、いよいよ各自がこのスイス・バーゼル市に別れを告げ、ヨーロッパ大陸にあるそれぞれのわが家へと帰っていきます。それぞれの母国、故郷であるわが町へ、一人ひとりが帰っていこうとしています。

しかし、今回わたしたちには重い共同責任が負わされたのではないでしょうか。責務を帯びてそれぞれが家路につくのです。いったい、それはどのような責任、いかなる責務なのでしょうか。その責任・責務とは、わたしたちが今回ここに参集し語り合ったすべての言葉を、実際の行動に移すという努力を重ねることではないだろうか――わたしは、そのように理解したいのです。わたしたちは、集まり、語り合い、多くの言葉を交わしました。しかし、美しい言葉の羅列はそれほど重要ではないはずです。日々の行為の方が、はるかに重要でしょう。

醒《さ》めた情熱が、今わたしたちに求められているのではないでしょうか。一時的な陶酔感などではなく、冷静沈着な接近、と申してもよいでしょうか。わたしたち一人ひとりが、それぞれ選択し、開始できる現実的行動に対する誠実、かつ冷静な情熱と分別を持って乗り出す心構えです。壮大な目標の実現に対する、一時の激情に支配されない真摯《しんし》な対応の要請が、現代に生きるわたしたちに求められているのだ――そう理解すべきでしょう。

それぞれの人間、個々の市民がなしうる行動に関して、わたしたちはまさに深い思慮と分別の心を働かせなければなりません。この点をわたし個人に即して考えてみるならば、わたしは現在この地球に居住している五〇億人（一九八九年の時点で）の一人という小さな存在に過ぎません。そのわたしに、この世界ではたして今何ができるというのでしょうか。個人としてのわたしに、何か可能な行動があるのでしょうか。あるいは、他の人々と一緒にわたしは、何ができるというのでしょうか。そこでの共同行為とは、いったい何を指すのでしょうか。

今、このわたしにできることが本当にあるのだろうか。それは必ずある、確実に存在するとわたしは考えたいのです。

わたしたちに可能な行動や行為は、日常生活の中に事実としてあるのです。今日、わたしたちが帰路につき、自宅の玄関を入ってからでも、少なくとも自分の最も親しい人々の中、すなわち愛する家族や親しい隣人たちとの間で、友好的な雰囲気をかもし出すことができるはずです。そして、彼らと共に当面する共通の課題や状況を真剣に語り合い、最後には少しでも解決を一緒に考え合うという生産的な方向へ努力を試みることは、誰であれ最小限できるはずです。そうした努力の積み重ねが、一分間、一日、あるいは一年間継続されていくならば、わたしたちはすでにそこで次の新しい課題や問題を発見し、取り組み始めているのではないでしょうか。同時に、そこで、それらの課題や問題を解決できる力がこの自分にもあるのだという新しい自己発見をし、大きな確信を持つに至るでしょう。希望と確信のもとに開始された行動には、限界など何一つ存在しないからです。

ここで、今お話しした点に関して、すなわち希望と確信と醒めた情熱を持ってこの時代の課題や問題と誠実に向き合い、行動する日常生活の過ごし方との関連で、それらの帯びる深い意味を〝数遊び〟の比喩によって再度説明させていただこうと思います。それは、以下のような幾何級数的な数字計算が指し示す本質的な意味についての説明です。もし、このわたしが一個人として、自分が深く確信するものを一年間かけ、一人の人に醒めた熱情を持って語り続けたとしましょう。そして、一年後もしその人（彼、または彼女）がわたしのこの確信に深く共鳴し、行動を共にしてくれるようになったとするならば、わたしと彼、または彼女は一年後同志として二人で共通の課題を担い行動することが可能になるわけです。二人が、その翌年それぞれ別の人間一人に同様な言葉と行動をもって臨み、共鳴者を獲得できたならば同志は倍増するはずです。二年後に、同志は四人になるでしょう。三年後、四年後、一〇年後と進んでいけば、まさにわたしたちの同志は確実に倍増を重ねていくはずです。わたしの計算によれば、一〇年後にはその数一〇〇〇人になります。そして、これらの同志一人ひとりが毎年一人共鳴者を獲得していくことができるならば、二〇年後にその数は合計一〇〇万人、三〇年後には一〇億人に達するはずです。ここまで来れば、一安心です。もちろん、これはあくまでも可能性の問題です。等比級数的倍加といった数字上の比喩ですから、わたしがいわんとする主旨を正しくご理解ください。

壮大な目標に対して、誠実に、しかも醒めた情熱を持って接近することは、わたしたちにとって非常に重要です。平和とは、社会正義が貫徹される中にのみ実現する――これは、まさにわたしたちのそうした荘厳な目標になりうる言葉ではないでしょうか。これは、今回ここバーゼル市に集まったすべての参加者が今後目指すべき遠大な地平です。今回の大会スローガン「平和・社会正義・創造の保持」は、来年（一九九〇年）三月ソウル市で開催される世界教会会議（ＷＣＣ）でも同一のスローガンになるとのことです。

平和、社会正義、そして創造の保持――確かに、これらはいずれも政治の課題です。人類における政治的秩序の具体的変革の大きな課題です。しかし、もしわたしたちがその課題を正しく遂行したいと願うのであれば、具体的なテーマを挙げなければならないでしょう。

社会正義の概念は、二重の意味を持っていると理解すべきでしょう。第一に、社会的正義、そして第二は、人間としての諸権利、すなわち人権です。わたしたちヨーロッパ人は、前者の社会的正義を二つの方向で理解すべきです。まず、貧しさの中に生きる多くの人々、地球の南側で飢えに苦しみ、世界人口の大多数（マジョリティ）を占める発展途上国の諸国民・地域をめぐる正義の理解、次いで北半球に住む先進工業諸国の市民、わたしたち自身の中に存在する社会的少数者（マイノリティ）をめぐる正義の理解です。社会的正義がそこで要求してくる最小限の事態は、国際社会が一致して承認する法の秩序、すなわち政治的・社会的自由に関するものです。先進国で理解されるべき社会的正義には、民主主義の原則に立つ対等な処遇が拒否されている社会の少数者グループに対して、そうした冷遇の撤廃を可能にする行為が含まれているはずです。

人権擁護、もしくは人権の遵守は、誰よりもまず権力者層、有産者階級、あるいは政府高官たちに要求される役割になります。しかし、彼らは本能的に社会的弱者の立場にある人々につねに不安を抱く社会層です。そうした不安心理は、彼ら自身が基本的に責任を負うべきものですが、社会的正義の貫徹はそうした不安を彼らが克服することでもあるはずです。彼らは、それがもし貫徹されなければ彼ら自身をも破滅に追いやってしまいかねません。

次に、創造の保持は、すでに冒頭でも一言したように、自然界の保全、あるいは自然の保護を意味する概念です。人間にとって、自然は帰還すべき故郷です。しかし、現在この自然は、人間によって開発された科学・技術によって破壊されつつあるのが現実です。その自然を、保護・保全しようという主張が、「創造の保持」という表現で展開されているわけです。この主張には、無限の射程距離があるとわたしは考えています。自然の擁護は、現代における不可避の課題なのです。けれども、この課題遂行のためには、何よりも自由の保障がなされなければなりません。長期的展望に立つならば、この課題との取り組みは、わたしたちをして最終的に世界文化の〝自己禁欲的理解〟、すなわち地球資源を可能なかぎり節約しようとする、普遍的な禁欲的世界倫理の確立へと向かわせるのではないでしょうか。

最後に、平和についてですが、この用語は現代の政治・軍事状況のもとでは〝制度化された戦争〟という構造をいかに克服できるかという文脈で、正しく理解できる概念であるはずです。その意味で、この時代の原子爆弾の存在はわたしたちに向けて乱打されている警鐘以外の何物でもないでしょう。ですから、原子力時代における軍備はどこまでも防衛的性格に自己限定すべきではないでしょうか。少なくとも、わたしはそう考えています。今もなお人間が軍縮に踏み出すことができないとすれば、最小限その性格を軍拡から軍縮へ転換すべきです。制度化された戦争の克服は、残念ながら現況ではまだ精神の根源的変革の域に達していません。とはいえ、心の大変革という営為は構造化した現代の紛争解決にとって、きわめて重要な道程の形式です。なぜなら、人間の内面的世界における根源的変革なしに、人類の生存はありえないからです。

わたしたちは、日々の生活の中でこういった荘厳な目標に可能なかぎり自分自身を結びつけて考え、行動したいものです。イエス・キリストは、創造を神の国成就の開始として比喩を用いながら理解しようとされました。この地上を歩まれたイエスは、貧しさの中に呻吟している人々や抑圧された厳しい現実のもとに人生を送っている人々のもとへ、ご自身で歩み寄られた方でした。彼は、信頼する側近ペトロに、それゆえ現代のわたしたち、本日ここに参集した一人ひとりに向かって次のように語りかけておられます。

「あなたの剣《つるぎ》を、鞘《さや》に収めなさい。剣を振り上げる者は、その剣によって、自身が滅びるであろう」。

わたしたちすべてが、信仰と希望、そして愛の中で一つ心になりこの大会を終了できることを共に喜び合いたいものです。それを切に願いながら、わたしの閉会の言葉を終わりたいと思います。

（全ヨーロッパ・キリスト教・エキュメニカル国際会議での閉会スピーチ、一九八九年五月）

第3章　ドイツ文化再考——シラーとゲーテの時代認識

誰かがもし近代ドイツの市民社会一〇〇年史で最も秀でた詩人を教えてくれないかというならば、ドイツ人のほとんどは例外なく自信を持ってこう答えるでしょう。「ヴァイマール時代の二人の詩人、すなわちドイツ古典主義文学を代表するヨハン・W・フォン・ゲーテとフリードリヒ・フォン・シラーの名を喜んで挙げたいと思います」と。

学生時代のわたしも、そうした教育を受けて育ちました。ギムナジウムの最上級学年に在学中だった一六歳の頃、わたしたちはシラーの『盗賊モール』とゲーテの『若きウェルテルの悩み』の二作品を比較しながら読み、論評するという課題作文を提出しなければなりませんでした。わたしは、すでにシラーの作品をずっと以前に大きな興味を持って読了していました。しかし、ゲーテの作品については、実はその頃まだ未読でした。わたしには、彼のこの著作がそれほど重要であるとは思われなかったからです。ただ、この課題を提出したギムナジウムの先生の意図は大体分かっていたこともあって、わたしがもらった評価はまずまずのものでした。

数週間前、わたしは少し微熱がありベッドに横たわっていました。それがきっかけになって、堅信礼（すでに幼児洗礼を受けた者が、信徒としての信仰告白を行なって正式に会員となる儀式。カトリックでは秘跡の一つ――訳者）終了時に教会からプレゼントされたシラーのすべてのバラード（物語詩）、そして回復後には『ヴァレンシュタイン』と『ヴィルヘルム・テル』を旧版で実に数十年ぶりに読了しました。

そういうわけで、本日はこの詩人・劇作家シラーについてお話ししたいことが沢山ございます。しかし、その際わたしとしては、シラー一人だけを論じるのではなく、彼の同時代人ゲーテについてもお話ししたいと考えています。この二人が、近代ヨーロッパ世界に対してドイツを代弁するヴァイマール古典主義時代の文学者であり、思想家であるとの人物評価は、すでに定着していると申してよいはずです。

ゲーテは、自然人、これに対してシラーは意志の人、しかも倫理性を備えた意志の人です。しかし、では、なぜ自然の人と意志の人が親しい友になったのでしょうか。わたし自身は、これまでの全生涯をゲーテと共に歩んできたといってよいでしょう。しかし、シラーに関しては、今日まで数十年間必ずしもわたしにとって身近な存在ではありませんでした。とはいえ、倫理的意志の人であるシラーは、同時にわたしの同郷人でもあり、わたしに生命の息吹を新たに与えてくれた〝大先輩〟であるわけですから、彼に反対するものなどまったくありません。

シラーの中にある倫理的感覚は、素朴な直接性から来ています。彼が百数十年もの長い歳月ドイツの国民的詩人であり続けてきたのは、まさにこの単純素朴な直接性にあるといってよいはずです。彼は、ドイツ人の心を代弁する存在であるのに対して、ゲーテはドイツ国民にとって、ギリシアの最高峰オリンポス山に鎮座したもう神々とギリシア市民との関係をどこかしら髣髴《ほうふつ》させるような（敬神的）存在になっていると申してもよいでしょうか。

バラードについて、一言しましょう。叙事詩風の劇的な詩・楽曲、いわゆる〝物語詩〟のことです。わたしの子ども時代、父と母は毎日曜日の午後およそ二時間、いつもわたしたち四人の子どもたちと一緒に、何か楽しいことをして過ごそうと時間を取ってくれたものでした。ヴァイツゼッカー家には、そうした伝統があったようです。子どもたちは、全員ピアノのまわりに立って母の伴奏に合わせて合唱をしました。曲目は、四人の子どもが交互に選曲しておりました。

また、多忙な外交官生活の中にあった父の前で、わたしたちはいろんな詩を朗読しましたが、その大半がバラードでした。とりわけ、故郷がシュヴァーベンにあるわたしたちにとって、同郷人シラーと一九世紀ドイツのロマン派詩人ルードヴィヒ・ウーラントの物語詩の朗読は、特別なものがありました。末弟リヒャルト（一九八四～一九九四年に旧西ドイツ・統一ドイツの大統領を歴任した政治家――訳者）は、ウーラントのバラード、特に『盾持ちローラント』を愛好し、父エルンストの前で読み上げたものです。その物語詩は、アルデンヌの森に住む悪者巨人の探索に出立するという内容ですが、青年ローラントはこれを次のような言葉で結んでいます。

「神よ、わが天の父よ！　どうぞ、わたしに怒りをぶつけないでください。あの粗野なならず者を、彼らが眠っている間に征伐してしまうまで、どうぞ怒りをお鎮めください」。

現代ドイツの子どもたちが、こういったバラードに取り組む機会にどれほど恵まれているのかわたしにはよく分かりません。しかし、わたし個人はしばらく前、発熱のため半ば朦朧《もうろう》としてベッドに横たわる状態の中で、シラーの著作を再読し、彼のバラードに触れた時涙が出るほどの深い感動に襲われたのです。

先ほど、わたしはシラー論を展開したいと申しました。しかし、シラーに独特だとされる素朴で直截的な、同時に鋭い倫理的な感覚とは、いったい何を指しているのでしょうか。そこから入っていく必要があるでしょう。

神律的秩序が、この世界には存在します。その秘儀には、測り知れない深みがあるというべきでしょう。そして、地上のすべては、この神による秩序という世界の支配下に置かれることになります。現代のわたしたちの感覚からすると、まことにメルヘンチックなおとぎ話のように聞こえるかもしれませんが、決してそこには不真面目さなどありません。ですから、叙述の手法は終始神秘的なタッチになっており、バラード風、すなわち物語詩の形式で表現されているわけです。前六世紀ギリシアの吟遊詩人イビュコスの運命を題材としたシラーの作品『イビュコスの鶴』を、具体例として取り上げてみましょう。ここでは、この放浪詩人が天空を飛翔する一群の鶴たちに歓迎の挨拶をし、こう語りかけるのです。

「わたしの運命は、あなたがたのそれとまったく同じです」。

旅人イビュコスは、後に放浪の旅の途上で待ち伏せしていた二人の盗賊によって殺害されるに至ります。そこで、彼は犯罪の唯一の証人としてこの鶴の群れに呼びかけ、彼らに証言を依頼しようとしたわけです。

古典期ギリシアのコリント式劇場では、舞台の開始直後に恐ろしい復讐の女神エリニュスが登場してきます。シラーは、そこからも題材を獲得しました。これは、古代ギリシアの演劇の枠組みであり、同時に典型的にいずれの儀式にも見受けられるものですが、そこには神々の聖性を指し示す儀式が存在します。そして、ここではあの「恐ろしい魔力、すなわち審判をくだす隠れた魔力がじっと事態の成り行きを監視している」のです。舞台の役者たちの声を聞く聴衆のすべては、ここで震え上がります。放浪詩人イビュコスを殺害した犯人の一人が、舞台の上方、すなわち天空を高く飛翔する〝証人〟の鶴の群れを見上げながら、もう一人の共犯者に向かって、次のように悲鳴を上げざるをえなくなるのです。

「おい、ティモテウス、あそこを見ろ！　あそこだ！　あの天空だ！　あれは、イビュコスの鶴の群れだぞ！」。

ここから、これはシラーの作品ではいつもそうした展開になるのですが、すべての展開が今や急速に終焉《しゅうえん》へとなだれ込んでいくのです。

「大勢の群集が、二人の盗賊を裁判官の前に連行していく。場面は、法廷のそれに一変する。そして、爆発する復讐心のもとで盗賊たちの犯行自白、イビュコス殺害の審判がそこに開始されるのだ」。

意志の発動によって生きる人間は、こうした世界秩序のもとに前に向かって歩を進めていくというわけです。まさに、意志はここに存在し、ここに英雄の行為もあるのです。
しかし、この世界秩序は本当に正しいものだったのでしょうか。「竜たちとの戦闘」で、団長は、国を荒らす竜との戦いで五人の命が失われたことを知り、ヨハネ騎士団に属する騎士たちに戦闘の続行を禁止しました。すると、騎士団の一人が、智恵を巡らせて自分が飼育している馬や犬をこの戦場に連れていくことを思いついたのです。そして、彼は戦い、見事勝利を手中にしました。ところが、このヨハネ騎士団の団長は、次のような言葉でこの騎士の智恵と行為を叱責するのです。

「キリスト者が装着すべき装身具は、個人の勇気などではない。それは、全的な恭順なのだ。君は、すでにこの修道会の装身具を喪失してしまった」。

騎士は、深く傷つきます。やがて、彼は修道士服を脱ぎ、この騎士団から去っていきます。修道院長は、彼に向かって大声で語りかけます。

「あぁ、わが子よ、別れのキスをしておくれ！　しかし、君は困難な戦いに見事勝利した。この十字架のペンダントを君にあげよう。受け取っておくれ。これは君が自分に打ち勝って獲得すべき恭順のしるしなのだ」。

いずれにせよ、ここでの主題は、直接的で自発的な、そして倫理的決断です。しかし、世界秩序は不可視の秘儀とされています。それはまた、ある意味で秘儀に留まるべきでしょう。この光景は、（秘められているはずの真理のヴェールを取り払い、すべてを我がものとしたいとする――訳者）サイスの神にはまったく見えていません。だから、シラーはこう叙述するわけです。

「悲しいかな、罪責を経由して真理の道へ進む者！　そうした真理は、君を決して快活にはしてくれないだろう」。

それでは、一八世紀の詩人シラーは、このような神話的表象を通してどのような真理を語ろうとしたのでしょうか。今度は、その点にわたしたちの目を向けていきましょう。ドイツ啓蒙主義の旗手ゴットホルト・レッシングは、シラーよりも三〇歳年長の劇作家・批評家です（一七二九年生）。ドイツ国民は、このレッシングを通して文学とは何かを学び、一八世紀啓蒙主義の主要精神は何かを教えられてきました。その作品『賢者ナタン』は、最高の気品に溢《あふ》れたドイツ演劇中の秀作です。

他方、このレッシングより七歳年長のイマヌエル・カント（一七二二年生）は、ヨーロッパ啓蒙主義時代ドイツを代表する哲学者・自然科学者でした。この時代のドイツには、文学や哲学などにおける豊かな調和の世界が見られたのですが、これは当時のヨーロッパ全体からすると稀有な姿で、ドイツ特有のものでした。前進が一つ見られたということです。

シラーは、ゲーテよりも一〇年後に誕生し、フリードリヒ・ヘルダーリンより一一歳年長者です。しかし、彼らは全員古代美術史家ヨハン・ヨアヒーム・ヴィンケルマン（一九一七年生）から教えを受けた人々なのです。けれども、その教授内容は何か聖書的・キリスト教的伝統に立脚して展開されず、むしろ古代ギリシア世界の宗教的敬虔さ、真実な宗教性に深く依拠したものでした。ですから、シラーのバラードは、まさにこうした自由闊達な宗教性の中に思想的ルーツを持っていると考えてよいはずです。シラーは、古典ギリシア語を駆使しながら古代のギリシアの世界と自由に対話をする一方で、一八世紀のキリスト教世界とこれまた自由自在に自身のキリスト教的感覚を持って語ることができた自由の人でした。しかも、彼はその際いつも強いられてではなく、ごく自然な自発性によって信仰心溢れた言葉を使用しながら対話した人でした。

さらに、多くのドイツ人詩人の中でシラーは最も卓越した政治的洞察力を所有した人物でした。わたしたちは、彼を次のように論評しても構わないはずです。

すなわち、シラーの世界を根底から支えているもの、それは鋭敏な倫理的・道徳的感覚です。

それは、彼がきわめて優れた政治的判断力と感覚の所有者であったからです。しかし、古来鋭敏な倫理感覚を伴った政治史は、つねに悲劇作品を生み出す土壌を築いてきました。彼の場合、それは作品『盗賊モール』以来顕著です。このジャンルにおけるシラーの政治上の最大の悲劇作品は、『ヴァレンシュタイン』です。やはり、この作品においてもシラー独自の倫理的直接性が前面に躍り出ています。ここでは、主要な登場人物たちすべてにとって唯一の問題、すなわち倫理のそれが彼らのふるまいにおける最も本質的なものとなっています。例えば、〝背信行為〟は、本当に必要悪なのか。倫理的に、それは許容されると考えるべきなのか。あるいは、背信は必要である、しかし同時に、それは倫理問題として深刻なのではないか――これらの問いかけは、確かにどのような立場であれいずれも政治に関係する〝正義の問題〟と遭遇せざるをえません。行為の当事者は、誰であれ、いかなる立場に立とうが、自分の行動を倫理的に釈明し、それを正当化させる責任を負うことになります。

軍将ヴァレンシュタインは、未完の歴史の必然を完成させるべくあらかじめ配置されたいわば〝歴史の執行者〟として描写されています。一七世紀の「三十年戦争」（一六一八～四八年）は、合法性とは真反対の絶望的紛争であり、戦闘でした。カトリックとプロテスタント両陣営間の教義的対立と分裂によって、この戦争は完全に収拾不能な状態に陥ってしまったのです。まさに、そこでは双方がそれぞれ勝手に自分こそ真理の究極的保持者であると主張し、そうした自己絶対化によって相手側を否定するという倫理的自己正当化、すなわち独断的・合理的解釈の現実が露呈されていたのです。平和は、すべての人間が切望する対象です。

ところで、真の平和は、こういった自己正当化から来る対立や紛争には決して巻き込まれないという強靭《きょうじん》な姿勢の堅持によってのみ成就されるものでしょう。シラーの作品では、この点、ヴァレンシュタインのみがこの平和を確立できる人物として描かれています。その道程を彼自身熟知していたのです。しかしながら、シラーの政治哲学は、そうした企図そのものをありえない行為と見なしているように思われます。いや、ヴァレンシュタイン自身が、人間に関する多くの幻想の中に生きていた指導者でした。彼は、そうした幻想に依拠した見方に全幅の信頼を置いていました。例えば、それはオクターヴィオ・ピッコローミニ（中将として登場する――訳者）をめぐる彼の見解に端的に示されているのです。しかし、これが直ちに狂気じみた名誉心の世界へと連動していくのは、明々白々です。なるほど、ヴァレンシュタインの挫折は決して反乱やピルゼンからの逃亡の失敗を決定的理由とはしていません。むしろ、彼の人間的崩壊はマックス・ピッコローミニ（オクターヴィオ・ピッコローミニの息子。重騎兵連隊の大佐――訳者）を失ったこと、とりわけ彼の死によって生起したのです。エーガーの地で訃報の知らせを受けたヴァレンシュタインは、次のようにいいました。

「彼は、幸福な人間だ。彼はすべてを申し分なくやり遂げたからだ。わたしが今後もなお手中にしたいと願っているもの、すなわち真に美なるものは、もはやわたしから消え失せてしまった。それはもう再び戻ってはこない。真実な友とは、感受性を共に創造し、それを分かち合える人間のことだ。そうした友に優る友は、この世界には存在しない」。

ここには、シラーの最大の懸案事項、すなわち「意志とは、何か?」が明晰なかたちで語り出されているのです。シラーの理解によれば、意志とは〝共鳴し合う心〟に他なりません。ヴァレンシュタインは、歴史の展開の中では結局挫折の運命を免れませんでした。シラーは、この作品の構想を通して、なお隠微なかたちではありましたが、実は将軍ナポレオンの登場を想定していたのです。換言すれば、ここにはシラーの構想した軍将ヴァレンシュタインとドイツの関係が、大陸ヨーロッパの規模においてナポレオン将軍によって実現したという一大構想が存在するのです。しかし、ナポレオンは、周知の通り、新たに獲得された民衆革命の倫理的正当性を背後に控えていました。しかし、彼は同時に革命以前の王朝社会との妥協も模索せざるをえませんでした。とはいえ、彼のこの試みは自身の飛躍を保障するものにはなりませんでした。

シラー論の最後として、わたしたちは『ヴィルヘルム・テル』を取り上げましょう。この作品は、政治にまつわる悲劇作品八篇の執筆後に、シラーが世に問うた最後の戯曲ですが、シラーの最終目的の実現でもあるかのように、まことに秀逸な出来栄えになっているものです。

このドラマは、スイスの実直な民衆が自分の力で勝ち取った自由をテーマとして展開されています。シラーも深く傾聴したカント哲学に従えば、倫理的意志の発動としてのこの自由こそ、〝実践理性〟が求める形而上学的要請です。他方、市民的自由とは、わたしが個人的に自分のために要求する性格の自由を意味しません。そうではなく、市民的自由はわたしたちがお互い保障し合う内実を指していると考えるべきです。そして、その自由は、虚偽ではなく真理と共に存続すべき共同体の前提条件を構成します。

『ヴィルヘルム・テル』では、ドラマ進行における最高の盛り上がりは一見悪徳代官の襲撃事件にあるといえるのかもしれません。しかし、作品自体の本質はむしろ民衆の暴君襲撃に向けた「リュートリの誓約」（一二九一年）に潜んでいると考えるべきでしょう。

「いや、限界があるのは、われわれではなく、暴君の権力の方だ！」。

「われわれは、どこまでも兄弟同士でありたい！　誓約を取り交わした唯一の民でありたいのだ。いかなる困窮も、いかなる危険も、われわれを分断することはありえない。かつて父祖たちがそうであったように、われわれもまた心から自由を欲する。隷従に屈服した人間として生きるよりも、むしろ喜んで死を願う。われわれは、至高の神を信じる。それゆえに、いかなる人間的力をもわれわれは恐れはしない」。

かくして、隷従の鉄鎖は粉砕され、スイス民衆は悲願の国民的自由を獲得できたわけです。では、スイスはともかく、近代ドイツはどうだったのでしょうか。当時のドイツ国民、若者たち、自由のために挺身《ていしん》する戦士たち、あるいはパウルス教会に参集した（憲制議会の）議員たちは、シラーが戯曲を通して訴えた政治的・倫理的決断を必要としておりました。近代ドイツは、第一帝国宰相オットー・フォン・ビスマルクのもとで、ヨーロッパ世界の一大強国にのし上がっていったのです。しかし、強国としての使命感は政治家の手から滑落し、むしろシラーが祖国の代弁者になったわけです。ドイツは、ヨーロッパ諸国の中できわめて偏狭な正当性を主張する近代国家の道を突き進むのです。ビスマルクは、第一帝国が誕生した年、すなわち一八七一年に、軍師ヘルムート・フォン・モルトケ（いわゆる〝大モルトケ〟）にこう問いかけています。

「さて、まだなおわれわれになすべきことがあるのかな？」。

モルトケは、帝国宰相に答えます。

「植樹したばかりの苗木が、どのように成長していくか――それを、温かく見守ることです」。

いうまでもなく、この苗木とは発足間もない近代国家ドイツを指しています。彼の返事は、確かに率直であり、誠実なものでした。けれども、この言葉にはすでにヨーロッパ全域におよぶ危機の到来を予知するものがありました。その危機とは、第一次世界大戦の勃発《ぼっぱつ》です。

さらに、ドイツ国民はヒトラーのもとで無謀にも第二次世界大戦を引き起こしました。そして、ドイツは大敗を喫したのです。ハインリッヒ・ハイネは、すでに一九世紀初めにこうした危機の到来と勃発を予言していた詩人でした。一八三四年、彼は祖国ドイツについて次のように書いています。

「舞台公演（シラー作『ヴィルヘルム・テル』――訳者）が始まる。この演劇に潜む過激さに比べたら、フランス革命（一七八九年）は無害な牧歌的風景としてしか映らないだろう」。

ヒトラーは、自業自得の運命をたどり、結局は破滅しました。しかし、彼の没落によってヨーロッパ世界の未解決の問題は大陸を飛び越え、人類全体の問題、すなわち政治的・社会的な一大問題へ移行することになりました。

二〇世紀後半の現代においても、シラーの戯曲『ヴィルヘルム・テル』は上演される場所がどこであれ、爆発的な魅力を湛《たた》えた傑作だと申してよいでしょう。例えば、祖国の独立宣言書を起草し、第三代大統領を歴任したトーマス・ジェファーソン（一七四三年生まれ）のアメリカ合衆国の中に、わたしたちはこの作品と深く通底する精神、自由と独立を希求する心を見出すことが許されるはずです。

しかし、はたして現代世界の各界指導者たちにこうした気概や精神が存在するのでしょうか。現在（一九八九年一一月）わたしたちは、積極果敢な関与を表明しながら東ヨーロッパ社会主義諸国における民衆の自由・民主化闘争の推移を凝視しております。ただ、現時点で判断するかぎり、これまで展開されてきた自由革命は破局の接近を前にして、何か不思議な手によって導かれているような印象を与えてはいます。同時に、ここでわたしたちは深く考えをめぐらすべきでしょう。すなわち、地球の南側にある国々と民衆のもとへこの自由を持参すべき主役はいったい誰なのか、と。なぜなら、シラーが表明したこの自由を今最も希求し、切望しているのは、他ならぬこの地域に居住する人々であるからです。

シラーに対して贅沢な賛辞を贈った直後に、ゲーテに目を向け本格的な〝ゲーテ論〟を展開するのは、わたしにとってかなり至難な作業です。ゲーテとシラーが信頼を寄せ合う親友の関係に入ったきっかけは、二人がそれぞれ別途な人生行路を進みながらも、共に国民や文化がそこで生命溢れる活動を展開できる一定の秩序を模索していた点にあります。その意味で、彼らは自分を補足してくれる存在として、互いに相手を認め合う関係に立ったということになるでしょうか。

すでに本日の講演の冒頭で触れたように、シラーは意志の人であり、他方ゲーテはどこまでも自然人でした。しかし、いったい意志とは何であり、自然とは何を指す言葉なのでしょうか。

意志とは、人間の歴史だけが保持する顕著な特徴です。意志と倫理の関係は、まさに人間史の中でのみ生じる関係です。シラーの出発は、反逆者の人としてのそれであり、次に劇作家、歴史家、歴史哲学者、最後にドイツ国民の精神的指導者になっていったのです。この意志に対して、自然は本来人間史の中には存在しない世界です。しかし、人類史の源流はこの自然の歴史の中に組み込まれています。自然の歴史は、人間の歴史よりも年長だということです。こう考えるならば、ゲーテは変化（メタモルフォーゼ）、あるいは多極と昇華といった用語を自身が使用しながら、自然の歴史を正面から考察の対象とした最初の人間だったと申してよいはずです。

わたしはあえて断言したいのですが、ゲーテが自然界に目を向けた最大の理由とは何か。それは、彼自身が自らの内にこの自然を体験したからに他ならないからです。だからこそ、自然人ゲーテが誕生したのです。このあたりの消息を、わたしは遊びにまつわるわたし自身の学校生活の記憶から説き明かしてみたいと思います。当時わたしは、シラーに立腹を覚えていた生徒の一人でした。というのも、子ども時代にわたしが抱いていた将来の夢は、自然の世界を探求する学者になることだったからです。特に、宇宙の研究者になることが最大の願いでした。倫理や道徳を熱心に説くシラーの世界は、その頃のわたしにはまったく異質な人間であり、逆に自然をこよなく愛するゲーテは少年のわたしには大変身近に感じられた存在だったのです。

しかし、今わたしはシラー創作の「二行詩」、《天文学者たちへ！》と題するこの詩と出会っています。そこには、次のような言葉が見られます。

「あなた方の学問的対象は、宇宙の最も崇高な存在に向けられている。だが、友よ、真に至高の存在は被造世界のこの宇宙にはおられないのだ」。

残念ながら、当時のわたしはこのように感じ取ることはできませんでした。ここで、シラーは「美的な世界」と「崇高な世界」を峻別しながら論じています。首尾一貫したその姿勢は、明らかにカント哲学を髣髴させます。わたしは、後に自分の率直な心情をカントの有名な言葉を言い換えて、「わたしの上に存在する道徳律、わたしの内に輝く天空」と表現したことがあります。さらに、それからかなり経過してから、わたし自身のシラー観も公表しました。それは、次のような一文です。

「シラーに！
偉大なる精神よ、あなたは〝崇高な世界〟をひたすら自由の中に探り求めましたね。けれども、あなたはそれを決してまばゆい日の光の中、あるいはざわめく海の波の中、すなわち自然の中に探り求めようとはされませんでした」。

ここから、もう一度ゲーテ論に戻りましょう。自然の世界は、まさにその真理をゲーテが的確に見抜いたように、創造に満ち溢れているのです。ゲーテは、この自然を相手にした見事な芸術家でした。芸術は、かたちの創出を通して、その認知に至る行為によって成立します。しかし、芸術と自然とはどのような関係に立つのでしょうか。刺激と反応、情緒溢れる認知、探求と回避、こうした一連の認知と行動を一致させることこそ、生命個体の基本的行為です。芸術の使命は、こうした一致を突出させる、あるいは浮き彫りにすることにあるというべきです。この特出は、感情の連続化、あるいは逆にその中断によって引き起こされるものですが、事情は言語の場合もまったく同様です。ある言葉、その複合体としてのある言葉群は、すでにそれ自体で別な意味を持つ所業、あるいは行為となります。これは、それ以降の段階においても異なる状況を意味するようになります。それと同様に、芸術作品はそこに創作された可視的な形姿を物語るのです。

しかし、その認知は創作する活動それ自体の動きの中で初めて可能となるものです。先に、わたしは意志という表現を用いてシラー論を展開しましたが、その意味は、「動き」が「認知」の上位に来る事態をお話ししようとしたからです。他方、自然という概念によって、わたしはこの反対の理解、すなわち「認知する行為」が「動く行為」、もしくは「意思する行為」に先行するという事態を説明しようと思ったのです。シラーとゲーテ、この二人はお互いに補完し合う関係に生きた思想家であり、文人・詩人であった——要するに、わたしはこの事実関係をより鮮明に論じたかったということです。

ところで、ゲーテはまさに形姿を具現化しつつある人間の歴史から、いったい何を認知しようとしたのでしょうか。換言すれば、彼は現実の人間史から何を学ぼうとしたのでしょうか。ここで、彼ら二人が生きた歴史が語られねばなりません。

シラーは、ドイツ南西部に位置するシュヴァーベン公国の軍人、そして旅館主でもあった父親のもとで誕生しました。このシラーより一〇歳年下のゲーテは、神聖ローマ帝国の古都フランクフルトで、いわゆる〝都市貴族〟(ただし、彼は一七八二年、三三歳の時に貴族の称号授与)として生育した人物です。

わたしは、少年時代すでにシラーのバラードには導かれていました。それは父エルンストの善き指導の賜物で、今でも感謝に絶えないのですが、それから五年後、ギムナジウムの最高学年(一七歳)だったでしょうか、わたしたちはゲーテと共に、シラーについても本格的に学ぶ機会が与えられました。そこで、ゲーテとの出会いについて、ここでもしばらくお話しさせていただきます。ギムナジウムでも当然わたしたちは、ゲーテのバラードに触れ、熱心に朗読したものです。しかし、何にも優って、当時ベルリン・ヴィルマースドルフにあったビスマルク・ギムナジウムの生徒たちに決定的影響を与えたのは、言語学者レーヴェル先生の教育でした。彼は、つねに笑顔を絶やさず、多くの生徒たちに愛され、また尊敬もされていたゲルマニスト（国語教師）でした。後に、この教授は「盗賊モールと若きウェルテル」というタイトルの学術論文を社会に発表されました。わたしたち生徒は、レーヴェル先生を〝お年を召したライオン先生〟（ドイツ語で、ライオンはレーヴェ。レーヴェルに掛けた愛称――訳者）と呼んでいました。この〝老獅子《じし》先生〟は、背が低く、ずんぐりむっくりの体格で、すでに頭は禿《は》げ上がっていた方でした。授業が始まると、彼はまず教壇に近づき片方の足を教卓への最初の階段にかけるや、手を額に押し当てながら登壇するのです。それから、生徒たちに向き直ると、両手を大きく広げて、獅子のように吼え一連の言葉を口にするのです。例えば、こんな具合にです。

「おお、ゼウスよ！　汝《なんじ》の天空を覆い隠し給え、その雲霧でもって！　そして、樫《かし》の木の山頂でアザミを摘み取る天童《わらべ》を鍛え給え。されど、わたしにはこの大地を残してほしい。山小屋は、汝がではない、このわたしが建てたからだ。また、この暖炉を残しておいてくれ。願わくは、汝がその灼熱《しゃくねつ》の炎を決して妬まないことを！」。

レーヴェル先生は、声を張り上げ、わたしたちにこの一説を朗じてくれたのです。しかし、クラスに何が起きたのでしょうか。生徒たちは、大笑いしてこれに応えました。それだけです。しかし、わたしはそこから二つのことを体験したつもりです。第一は、生徒のわたしにも即座に理解できた内容があったということ。第二は、ずっと後になってからレーヴェル先生が大声で朗詠してくれた詩の意味がやっと納得できるようになったということです。前者、すなわち直ちに理解できたこと、それは詩人が駆使する言語の持つ偉大な力についてです。言葉の持つ威力です。その時から、わたしはゲーテの抒情詩に触れるたびに、自分が懐かしい故郷に帰ったかのような心の安らぎを覚えたものです。

もしもわたしのような老年の人間に、今流行の「アンケート調査」が求められ、そこでわたしも何か回答しなければならないとしたら、躊躇《ちゅうちょ》なくわたしは回答用紙にこう書き込むことでしょう。すなわち、「あなたが最も好きな詩人は誰ですか」と質問されるならば、回答は即座に「ゲーテです！」となるはずです。当時わたしは、ゲーテの作品の中でも特に『西東詩集』が好きでした。それは、今でも変わりません。この点については、すでに別な場所で何回かお話しし、あるいは文章化していますので、本日はもはやそこに立ち入るつもりはありません。ご了解ください。

ギムナジウムの卒業後、ずっとのちになって初めて理解できたこと、それは次のような点です。わたしたちが学校で学んだのは、ヨーロッパ大陸の社会革命史をめぐる初期の文献でした。巨神プロメテウスは、オリンポス山の守護神ゼウスに反逆を敢行したギリシアの神々の一人ですが、彼は料理や鍛冶の起源、あるいは技術、すなわち学問と産業の源流となる火を天上から盗み、地上の人間界にもたらしたのです。しかし、彼のこの好意は、人間に対して父親の呼称と支配権を要求する最高神ゼウスの逆鱗《げきりん》に触れる結果となりました。

けれども、この一連の出来事は、慣習的倫理・道徳に立つ政治改革を広く超え出る革命行為以外の何物でもない大事件として解釈されるのです。まさに、ここに文化、あるいは精神の大変革が発生していると見るべきです。

数年前、わたしはここ数世紀におよぶヨーロッパ近代史の思想的原動力がいったいどこにあるのか、を解明しようと努力したことがあります。当然そこに、ヨーロッパ近代の歴史的帰結としての〝新大陸〟(アメリカ合衆国)の思想的源流の探求も含まれるべきでしょう。わたしは、自分のそうした探求を〝タイタン主義〟(Titanisumusu)という呼称のもとに開始しました。ギリシアの巨神タイタンに因んだ表現です。

近代ヨーロッパは、その歴史的展開の中に進歩史観を導入するに至りました。人間の歴史は、無限に前進していく、それが可能であるという進歩思想に対する崇拝史観です。もちろん、この現代においても〝進歩〟の名で理解された類似の実体は多く存在します。少なくとも、それらは都市文化、あるいは渓谷大国の成立以降、別言すれば人類史六〇〇〇年以来不断に継続されてきた歴史のプロセスそれ自体が、わたしたちに証明しています。しかし、生物の進化、あるいは人類の誕生が必要とした数百万年という途方もない時間の巨幅と比べてみるならば、人間のこうした進歩の速度は、まことに驚嘆すべき急速の進み具合であったことが分かります。

人類史には、ほぼ一〇〇〇年ごとに一つ、あるいは三つのまったく新しい形態の質的進歩、すなわち新文明の誕生が見受けられます。例えば、農耕、都市要塞、金属加工、絶対君主と奴隷階級、音楽、彫刻、神的権威を帯びた王侯、法的秩序、灌漑《かんがい》治水、大叙事詩や高等宗教の出現、数学・天文学、厳格な倫理・道徳、哲学、世界貿易、宗教戦争、黙示録的来世信仰、などです。

けれども、一〇〇〇年以上の歴史を背後に持つすべての世界文化は、元来自身を進歩、あるいは革新的存在としてよりも、むしろ保守的な存在として理解してきました。偉大であった創立者や賢明な法の策定者が、かつては存在しました。しかし、現代ではそうした改革は、単に古き懐かしき時代の復古と反復だけを意味するに至ってしまったのです。

旧約聖書「創世記」の第二章から一一章にかけて、〝人間の堕罪〟から〝バベルの塔建設〟を中心とした物語が登場してきます。しかし、ここには一連の手厳しい文明批判が展開されているのです。文明の批判、という点では、ヨーロッパ・キリスト教世界も自らの宗教史の中で、「救世主・キリスト」の再臨を待望する信仰、すなわち人間文化との決定的断絶を強調しながら、つねに自己批判を行なってきたといってよいでしょう。「近代の〝発明〟は、フィレンツェにおいてなされた」――これは、わたしが好んで口にする言葉です。そして、その真理性がさらに徹底して実証されたのは、ヨーロッパ近代史が文芸復興という形姿をまとって登場し、理解されるに至った時代以降です。再生、もしくは復活（イタリア語でRinascimento）とは、光輝に満ち溢れた古代ギリシアや古典期ローマの〝復興〟を指しています。それゆえに、わたしたちが、ルネサンス期イタリアに対する本格的着目と評価をしないまま、成熟期のゲーテを真に理解することはまったく不可能だというべきです。

ヨーロッパ世界が、いつからこの〝進歩の信仰〟、換言すれば「新しいことは、すべて善いこと」という価値観を僭称《せんしょう》するに至ったのかという問題に関しては、今ここで厳密な議論を展開するつもりはありませんが、他の事例にも見聞されるように、多くの場合、理論的検証よりも具体的な実践の検討が重要視されるべきでしょう。そこで、わたしも単純、そして実践的な側面からこの進歩史観を、巨大な構想を内に抱くヨーロッパ・タイタン主義と明確に区別して考察してみたいと思うのです。抽象的な一般論の展開以上に具体的事実に立脚した考察の方が、より有益な成果が得られるはずだからです。そこから、わたしたちドイツ人の独自な役割も、見えてくるのではないでしょうか。

ヨーロッパ諸国は、ここ数年のうちに〝コロンブスによるアメリカ大陸の発見〟（一四九二年）後六〇〇年を記念してさまざまな行事を計画しているようです。しかし、コロンブスが後世のヨーロッパ人に残した歴史の遺産とは、いったい何だったのでしょうか。彼は、当時の自然科学の厳密な測定と確信に基づいて、わたしたちにこの地球が平板ではなく、円形の構造をしているという事実を教えてくれました。それと同時に、彼はヨーロッパの国々に大西洋を越えて直進可能な〝征服と通商の道〟を切り開いた人物でもありました。一五、一六世紀の西ヨーロッパ諸国、すなわちスペイン、ポルトガル、フランス、オランダ、イギリス、あるいはスコットランドといった諸帝国は、経済や科学・技術、政治権力や自然科学の知識の分野で、具体的にヨーロッパ世界の〝進歩信仰〟を体現した当事者たちです。

そうした中で、ドイツ国民は大陸の内側という地政学的位置や一六一八年勃発した「三十年戦争」の影響で、歴史の歯車を一〇〇年近く巻き戻してしまったのですが、一八世紀後半に入りやっとこの間ヨーロッパ大陸西方の国々が達成した近代化の成果、すなわちタイタン主義、あるいは進歩史観を視野に入れ始めたわけです。近代ドイツ哲学は、カントにより全世界に普遍的主張を展開できるようになりました。そして、ヨーロッパ大陸の近代タイタン主義思想はドイツの地で、ヨハン・フィヒテからフリードリヒ・ニーチェに至る歳月の間に具体化されていく展開となりました。

とりわけ、一七七四年に弱冠二五歳の作家ヨハン・ゲーテが、その天才的な感受性と共にヨーロッパの文壇に登場してきましたが、彼は文字通り当時のドイツ国民にとって感受性の豊かさと瑞々しさを指し示す象徴になったのです。象徴、あるいはシンボル――それは、例えば政治に対する目覚めのためには、『偶像』がありました。センチメンタルな心情には、『若きウェルテルの悩み』、ヨーロッパ先進列強の掲げるタイタン主義、量的な拡大至上思想には『プロメテウス』と『ファウスト』が、それぞれ対置されたのです。驚嘆すべきは、こういった多様多彩な認識や知覚がゲーテという一人格の中で可能となり具現化していたという事実です。まさに、これはシラー的意味における意志に起因するものではなく、ゲーテ独自の自然の人から噴出した結果である事実を物語っています。ゲーテは、どこまでも自然人だったということです。

ゲーテは、その八三年におよぶ全生涯で無限の祝福と並んで、生命をおびやかすほどの過酷な現実を味わった人間でした。そうした赤裸々な個人的体験を通して、彼は日常生活の現実とそれを詩的な表象を用いて言語化する技術を体得するに至りました。戯曲『タッソー』の中で、彼は主人公のイタリア人叙事詩作家トルクワート・タッソーの口を介して、次のように語っています。

「苦悩に打ちひしがれ、沈黙を強いられている折に、ギリシアの神がわたしに与えてくれた賜物がありました。なぜ、わたしは今悩み、苦しむのかを、人間の言葉でもって人々に語る世界を、この神はわたしに賜ったのです」。

タッソーに託したゲーテのこの心情は、実は『若きウェルテルの悩み』の中に登場する主人公ウェルテルにも同様に見受けられます。すなわち、ゲーテはウェルテルなのです。しかし、同時に、ゲーテは青年ウェルテルを対象化して語り、彼について客観的に記述しているわけですから、もはやゲーテはこのウェルテルではなくなっていることになるはずです。別言すれば、フランス革命（一七八九年）以後のヨーロッパ社会に生きた新しい世代は、もはや古きゲーテではなくなり、この若いウェルテルの中に新しく自分自身の姿を発見することが可能になったというわけです。事物や事象を正しく認知する行為の本質が、まさにここにあります。すなわち、あるかたちの真実な認知とは、別のかたちを新しく創り出すことを通して初めて可能になるという真理です。それが、原作者ゲーテと作品主人公ウェルテルとの間の本質的関係です。

では、このゲーテはプロメテウス、あるいはタイタン（巨神）だったのでしょうか。それとも、明らかにプロメテウスでなくなっていた晩年のゲーテこそ実像というべきなのでしょうか。彼は、長年の願望であったイタリア旅行を実現させ、大きな贈り物を二つ手に入れました。古代都市イタリアを髣髴させるこの都の景観、そして内陸ドイツとは決定的に異なる地中海イタリアの自然界のたたずまいです。

一般的に古代のギリシア・ローマ古典期と呼ばれるこの時代は、ゲーテにとってはそれ自体がすでに際立った文化的世界でした。そこでは、自分の限界を弁えない近代ヨーロッパ世界の楽観的進歩史観などまったく必要ありません。ギリシア・ローマの古代は、彼にとって要するに〝敬虔な芸術〟の時代、そして空間だったのです。当然ながら、この世界は、ゲーテが最終的にたどり着いた自然の美の豊穣さに溢れた世界でした。それは、むしろ若き時代に彼も教えを受けた古代美術史家ヴィンケルマンが力説していた古代イタリアの高貴な素朴さや静寂な威厳により近接していたというべきでしょう。

ギリシア・ローマ古典期の文化に何一つ独創性など存在しない。それは、元来粗野で雑然としたものでしかない。その実態は、全体が例えばギリシア人たちに見るように、彼らの平凡な日常生活から産み出された所産に過ぎないのだ――このような見方は、ニーチェ以降後代の人間が展開してきた独断的解釈です。しかし、ゲーテはその反対に古典古代のイタリアやギリシアの文化の中に後に彼自身が〝自然の美しさ〟と呼んだ歴史の遺産を確実に発見したのです。そして、この卓越した芸術の認知において、ゲーテとシラーは互いに深く共鳴し合う関係を結んだのです。すなわち、二人は共にそうした芸術を育成する力を備えた近代国家の建設という共通した意志の中に、互いの友情をより親密なものにしたのです。しかし、一八〇五年シラーが死去すると、それ以降の三〇年間ゲーテは、多くの人々とのさまざまな出会いがあったにもかかわらず、文化の世界で深まる一途の孤独な歳月を送ることになりました。時代は、そうした孤独に固有な文学運動、すなわちドイツ一八世紀後半のあの〝疾風怒濤《どとう》の時代〟へと移行していきます。孤高の人ゲーテも、やがてあのオリンポス山の守護神であり、ギリシアの最高神ゼウスの仮面の下でしか自分を語らなくなってしまうのです。かつて、彼はある対話の中で、自分をイギリスのアーサー王物語に登場し、自然界に深い愛着を覚えていたあの魔法使い〝老マーリン〟になぞらえて語ったことがあります。そして、晩年のゲーテは、ついに作品を完成させます。それが、『詩集』であり、『遍歴時代』、そして『ファウスト』といった諸作品です。

タイタン主義とゲーテとの関連について、わたしは盟友ゲオルク・ピヒトと徹底的に話し合い、意見交換をいたしました。また、かつて「ドイツのタイタン主義」をテーマとした論稿で、わたし自身次のような見解を披瀝《ひれき》したこともあります。

「しかしながら、ヨーロッパのタイタン主義が輩出したドイツ最高の文人ゲーテは、このタイタン的世界観の所有者ではなかったのです。彼には、ヨーロッパ的〝巨神崇拝〟などまったく無縁でありました」。

最後に、晩年の〝老ゲーテ〟と彼の〝孤独〟について、皆さまとご一緒に考察を試み、それでもって本日の講演を終わらせていただきたいと存じます。ゲオルク・ピヒト教授はこのテーマとの関連で、こう書いています。

「〝オリンポス山の守護神〟（ゼウス）は、本当に怪力無双の〝巨神〟なのだろうか。巨神タイタンは、芸術的に見てそれほど秀逸な表象、いうところの〝究極の勝利〟の象徴なのだろうか。わたしは、そうではなかったかと思う。もしわたし自身の『ファウスト』理解が間違っていないとすれば、この問題は恐らくゲーテ自身にとっても、人生の最晩年まで未解決のまま残されていたのではなかっただろうか」。

親友ゲオルクのこの問いかけに、ここで今答えるつもりはありません。それは、未答のまま残しておきましょう。

むしろ、ゲーテと孤独の関係に考察の歩を進めていきたいと思います。それは、ゲーテが〝自然界の圧倒されるような現実〟についての考えに行き着くということであります。シチリア島旅行の折、彼を捉えて離さなかったのは、原生植物に対する斬新な認識でした。換言すれば、生命個体はすべて親戚関係にあるという思考の創出、もしくはメタモルフォーゼ（生物学の形態変化）、一般化していえば生物進化への着目です。わたしは、先に人間ゲーテを〝自然人〟と呼びましたが、それは「自然界の中心は、本当に人間なのだろうか」、「これは、実に魅惑に富んだ秘密だ。誰でもよい、わたしにそれを解き明かしてほしい！　自然界の秘儀、それは人間界の愛憎のそれと変わらないのだ」といった彼の言葉から類推されたからです。

わたしは、この時代を生きる一物理学者です。そうした立場から、ゲーテのように、わたしも地球物理学における磁石や生物学のメタモルフォーゼなどについて、その由来や根拠を詳細に論じようと思えば決して不可能ではありません。しかし、本日はそれが主眼ではありません。シラーとゲーテ論が中心です。ドイツの歴史や文化史を中心にお話しすべきでしょう。自己抑制をしなければなりません。

進化は、同時に進歩にも直結します。では、この進歩史観からゲーテを乖離させたものとは、いったい何だったのでしょうか。地質学的見地からすれば、彼は水成論者でしたが、これは自然科学分野における少数派です。水成論は、水力の緩慢な展開を主張する立場です。他方、深成活動論は活火山の活動を介した激越な火力が引き起こす劇的な変化を主張します。ただ、これらはすべて自然科学の領域では実験的検証によって明確に立証された事実であり、法則だとされてきました。

けれども、現代に生きるわたしたちは、かつて明白な根拠と共に演繹《えんえき》されてきたこうした原則や結論を、もはやそう単純に容認できないのではないでしょうか。なぜなら、この時代は、賛否いずれの方向にでも落着可能な複雑な人間の動機の問題を介在させているからです。具体例を挙げて考えてみましょう。これまでもしばしば語ってきたのですが、チャールス・ダーウィンは確かに生物進化をめぐる理解のあり方を後世のわたしたちに教えてくれました。進化論と呼ばれる教説です。しかし、少なくともわたしが理解するかぎり、生物進化に関する彼の認識方法はともかく、人間認識をめぐる現実はアジアの聖者仏陀《ブッダ》が教える赤裸々な人間の姿、すなわち〝飢餓と苦悩〟を背負った人間理解の方が、ヨーロッパ人のいかなる合理的解釈、すなわち〝調和説〟よりはるかに深く、説得力を持っていると思われるのです。いわゆる〝社会的ダーウィン主義〟(social Darwinism)は、人間固有の飢餓や苦悩を歴史が無限に進歩し、進展していきさえすればいつか解決されるはずだと主張します。こうした楽観的進歩史観こそ、人類の勝利を正当化する最良の人間認識であるというのです。わたしは、この教説が実はヨーロッパ的調和論の最も残酷な形態ではないかと考える者です。

しかし、こういった調和論の深刻さは単に自然科学の世界に留まりません。ヨーロッパ・キリスト教世界に支配的な〝創造の神学〟も、きわめて大きな問題を抱えているのです。この神学は、旧約聖書に登場してくる天地創造物語(「創世記」第一、二章)を、人類史において現実に生起した歴史の事実であると解釈し主張するのです。しかし、創世記で語られている〝楽園〟(エデンの園）は客観的に地上のどこを探しても存在しない場所です。さらに、わたしは後に次のような解釈も教えられました。あるビオトープ、すなわち自然界に生息圏を共有しているすべての生物は、生態学上の均衡を保ちながらこの楽園の中で自分を認知し主張し合いつつ生きているのである、と。「エデンの園」の見事な精神化が、ここに見られます。これも一種のヨーロッパ的調和論、すなわち対象に対する合理的解釈の一形態です。

しかし、これでは人間固有の飢えや渇き、あるいは悩みや苦しみに対して根源的解決を指し示すことはできません。そうではなく、人間自身が意志的・自覚的な存在として歴史に登場して初めて、それまで何の批判もなく容認されてきたヨーロッパ的調和論を拒否することが可能になったのです。そこで、人間における飢餓と苦悩の問題に初めて正面から取り組むようになったというべきです。

いったい、誰が最初に「善悪を識別可能な樹木」（「創世記」）から果実をもぎ取り食べたのか――そこから、必要とされる救済問題が登場してきます。あるいは、ギリシア神話のプロメテウスの反逆に示されるように、そこで初めて明白になる真実もあるというべきでしょうか。確かに、彼の反逆はゼウス自身が実のところ、権力の強奪者であり、実父を謀殺することによって最強の力を手中にした存在であったという事実を暴露しました。まさに、シラーの作品に固有な〝悲劇性〟の問題、あるいは権力の正当性をめぐる未解決の紛争が、きわめて本質的なテーマとして登場してくるわけです。

わたしたちもまた、現代世界にあって正当性をめぐるこうした対立や紛争の現実の中に生きています。だからこそ、「真の進歩とは何か」をめぐる問いかけは、今日ますますその射程距離を広く保持しているというべきなのではないでしょうか。わたしは、本日の講演を通して結局何の解決案も提示できませんでした。多少の分析をなしえたに過ぎません。しかし、わたしが皆さまにどうしてもお話ししたかった要点、それはシラーとゲーテという偉大な二人の大先輩が詩人・作家、あるいはあの時代の人間として、どのように対立や紛争の中を生きていったかを、わたしなりに解き明かすことでした。こうした悪戦苦闘は、きっと後代の人間も十分共有可能な認識へとわたしたちを案内してくれるであろうことを確信しております。

（ハンザ・ゲーテ賞受賞式での記念講演、一九八九年一一月）

第4章　現代と宗教
――キリスト教の使命

本日、皆さまはここバーゼル大学へわたしをお招きくださり、名誉神学博士号を授与してくださいました。心から感謝いたします。博士とは、ラテン語の原意によれば、師を意味しております。そこで、わたしはあらためて自問自答を試みてみました。現代の時代状況のもとで、わたしが今神学を講義しなければならないとすると、いったいわたしはどのような内容の神学を教えるべきであろうか――それを、わたしは自分に問いかけてみたのです。けれども、わたしは学者として単なる学問上の教説を開陳しようとは考えませんでした。聴く側の人間に知識だけを要求する教師になろうとは思いませんでした。ラテン語に、「人は教えることを通して、共に学ぶのである」（Docendo discimus）、教えることは、すなわち学ぶことだという格言があります。

この理解に立って、今日わたしは皆さまにいくつか問題を投げかけ、今喫緊の課題としてわたしの前に提出されている問題をぶつけさせていただきたく存じます。なぜなら、わたしにとっては、対話をなすという行為はよどみなく自分の学説を開陳する以上に本質的であると思われるからです。まさに、対話を通してわたしたちは動機の探求が可能になるのです。そして、自分の個人的経験や対話パートナーの経験の中に存在する動機を探求する行為は、願っている公平な議論へとわたしたちを導いてくれるはずです。ただ、その際銘記すべきは対話パートナーの経験をわたしたちが注意深く傾聴する姿勢を持つことではないでしょうか。

そこで、皆さまにまずわたし自身の動機からお話しさせていただきたいと思います。一九一二年生まれのわたしは、一九世紀の子であり、二〇世紀の孫にあたる人間です。わたしは、物理学の研鑽《けんさん》を積み、とりわけその哲学的基礎づけに関する研究を続けて今に至っています。現在もわたしは、この分野の学問に従事している学者の一人です。

実をいいますと、わたしは一二歳の頃、ここバーゼルの地で初めて新約聖書を読みました。その中でも、特に「マタイによる福音書」の「山上の説教」(第五〜七章)を深い感銘と共に読んだ経験があります。その時からすでに六五年の歳月が経過したことになります。その間、わたしは一人の核物理学者として、原子爆弾の理論的開発(一九三八年)とその実際的投入(一九四五年の日本・広島と長崎)を見聞しました。その後、わたしは一二年間ドイツ・ハンブルク大学で哲学教授として教壇に立つという経験もしました。退職後、今度は〝科学・技術世界における生存条件の研究〟をテーマにしたマックス・プランク研究所を創設し、初代所長として自然科学と社会科学分野の研究に従事してきました。激動の日々を過ごしたと申してよいでしょう。そして、本日ここに参りました。

ところで、現代のこうした激変と激動の時代に対して、キリスト教神学はいったいどのような対応をしてきたのでしょうか。これは、わたしたちが対話を通して真摯《しんし》に向き合うべき本質的テーマではないでしょうか。神学が正面から向き合うべき現代の課題に関して、わたし自身は三つの関係領域を考えております。以下、それらを中心としてお話しさせていただこうと考えております。それらの三つとは、政治、啓蒙主義、そしてキリスト教以外の世界諸宗教です。

最初の論点は、最も緊急を要する時代の課題としての政治であり、まず政治との関連性を取り上げてみたいと思います。第二は、思想との関係をめぐる論点ですが、これもきわめて困難な課題の領域です。啓蒙とは何かを、この時代の視点からあらためて問い直してみようというわけです。最後に、わたしは第三の論点を、もっともこれは示唆的にしか語れませんが、広い長期的視座から人類と宗教の関係を考えてみたいのです。

1　政治の責任とは何か

「政治は、運命である」――かつて、ある賢人はそう語りました。確かに、人間の運命は現代においても政治に大きな影響を受けています。昨年当地バーゼル市で開催された全ヨーロッパ・キリスト教・エキュメニカル国際会議は、この点で一歩前進した集会になりました。それは、人類の〝和解と一致〟を目指した国際会議だったからです。そこでのスローガンは、社会正義、自由、そして創造の保持の三点でした。

そこで、わたしもこれらについて短く言及しておこうと思います。これら三テーマ、あるいは概念に関する詳細な論述はすでに別の機会に展開しておりますので、その繰り返しをここでは避けたいのです。まず、政治との関連、あるいは政治的・現実的関連性をめぐる話をさせていただきます。その後で、第一の神学的省察ともいえる論述へ移りたいと考えています。バーゼル会議で掲げられたスローガンの配列を逆にして、創造の保持、もしくは自然の保全、自由、そして最後に社会正義をめぐって、という順序でお話しさせていただきましょう。これは、いわば最も接近しやすいテーマから始めて、きわめて難解、かつ多面的考察が求められるテーマへと、論を進めていくための変更だとお考えください。

(1) 創造の保持、もしくは自然の保全・保護をめぐる問題

現在、自然の保全は、人間によって開発された科学・技術の威力によって大きな問題になっています。本来、技術は目的達成のための手段であり、そこには多様性があります。他方、自然界

の保全や保護は、すでに人類史の一万年前に遡及《そきゅう》するテーマです。すなわち、自然の保持や維持は人類の農耕時代に開始されていた営みなのです。わたしたちは、人間の手がそこに加わった人工的穀物畑にそうした具体的事例を見出すことが可能です。それは、時代の変遷と共に備蓄農業経済や人口増加を可能にしてきました。自然の世界は、かつて慈母という以上に厳母でした。

そして、この自然が人間に敵対する兄弟、あるいは姉妹とも考えられる他の有機生物、例えば狼や毒性植物、あるいはシラミといった動植物にそれぞれ生命を与えていたのです。その自然界が、人間によって徐々に手なずけられ、開墾され、はては愛好の対象となり、そして今や日々破壊されているわけです。技術的に可能なことならば、すべて実行するのだという思想や行動は、言葉の厳格な意味において、意味を有しない、すなわち無意味です。それと同時に、そうした考えや行為は、愚行でしかありません。技術が本来的に担っている役割の逸脱、いや技術自体を否定する行為だというべきです。けれども、こういった非科学的・反技術的な現象が、この時代の随所で頻繁に生起している時代が、わたしたちの現代です。

わたしは、そうした自然破壊をめぐる多くの問題の中から、典型的な事例を一つだけ取り上げ論じてみたいと思います。恐らく、この問題はいずれすべての現代人が、公的な場所と機会に正面から取り組まざるをえなくなる問題になるはずです。

それが、大気圏温室効果ガスの放出とそれに起因する地球環境の劣化現象という問題です。現行測定値を信頼できる数値として判断するならば、地球の気象上の破局を阻止するには、今後現代人はここ数十年の間に使用する化石燃料（石炭・石油・天然ガスなど）を現在の三分の一に相当する消費量にまで鋭意低減させなければなりません。しかし、それが可能となるか否かは、わたしたちが現在のエネルギー消費を今後どれほど節約できるか、節約を可能にする新技術の開発が可能か、さらには今後創出されるべき代替エネルギー（風力・太陽・バイオマスなど）が資本主義経済市場において公平な市民権を獲得できるかどうかに、すべてがかかっていると申してもよいはずです。必要に応じて、そこに環境税を導入する措置も必要になるでしょう。同時に、開発される代替エネルギーの取引は、現代のグローバル世界市場のもとで必ず国際的合意と一致のルールに基づいて展開されなければなりません。こうした国際的合意や一致の達成には、とりわけ合理主義的な判断を可能にする理性が、必要とされるでしょう。しかし、理性が正しく発動されるためには、そこに平和の現存が絶対に求められます。この点は、多言を要しない認識でありましょう。ここから、しばらく平和論を取り上げていくことにします。

（2）平和をめぐる問題

平和問題は、力をめぐる問題でもあります。現代の平和論は、人間が他の人間に対して行使する権力の問題として登場しています。例えば、戦争は高度な文化社会が出現して以来、公的な認識を受けた社会制度になったと同時に、理性による究極の統治（Ultima ratio regum）の場所、いうならば対立と紛争に最終的決着をつける行為でもあるのです。これに対して、今日人間の中に少しずつ浸透してきているのは、制度化された戦争がその構造共々、克服されなければならないという認識です。この点について、わたしの個人的体験から一言させていただくならば、わたしは一九三九年の時点で一核物理学者として、制度化された戦争の克服問題に関して以下のような認識に導かれていました。すなわち、今や核兵器、別言すれば原子爆弾が直接戦闘に投入されるのはもはや時間の問題だろう。しかし、だからこそ第三次世界戦争、あるいは世界核戦争を回避するためにこの原子爆弾を未来に対する警鐘として真摯に受け止めなければならないだろう。万一、この恐るべき新兵器が実際に戦場で使用されるような事態に突入でもしたら、戦闘は限りなく継続され、結果人類は誰一人生き延びることなど不可能になるに違いない――当時、わたしはそうした理解を持っていました。

とはいえ、核兵器廃絶が可能になりさえすれば、万事が落着するという話には断じてなりません。それは、早朝に目覚まし時計を窓の外へ放り投げた後、なおしばらく惰眠をむさぼる行為と大差ないからです。ここでは、それに優る判断と行動が求められるはずです。それは、こういうことです。

戦争は、不安心理が凝縮した行為です。戦いは、人間関係における不信と不安を主な原因として勃発《ぼっぱつ》するものです。戦争の原因は、敵味方の双方に支配する相手方への心理的不安にあります。別の表現でいうならば、人間同士のあり方の中に、正義に悖《もと》る関係、すなわち正義を否定する事態が発生してくる時、対立と紛争、それゆえに戦争が開始されるのです。しかし、平和の実現にとって、正義の確立は必要不可欠です。現代世界の状況に即して考えるならば、この正義概念には二通りの含蓄が前提になっていなければならないでしょう。第一に、正義は個々の人間が生得的に行使できる諸権利を意味します。第二として、ここでの正義には共同体的、あるいは社会的正義という含蓄がなければなりません。ここから、わたしたちの考察は自然に次のテーマの人権へ連動していくことになります。

（3）人権の問題

人権とは、人間が人間として認め、保障し合う自由を意味する言葉です。ここで再び個人的次元のお話をさせていただきますが、わたしは自分が高齢者の一人であることを十分知っています。しかし、老齢の身だからといって、わたしは自分の行動を隠そうとは思いません。現在、ヨーロッパ各国で進行している大いなる自由の前進を直接この目で体験したいのです。これは、わたしが人間として行使可能な人権であり、保障された自由な選択です。自由が真に保障されるために必要とされるのは、安定した社会と経済です。わたしたちが東ヨーロッパの社会主義諸国に見る自由の道程は、現在もなお一定の政治的方向に操縦されています。

しかし、そこには結局破局しか待ち受けていないでしょう。統制の手は、依然として厳しいものがあります。だからこそ、今緊急に求められるのは、これら諸国が自由への道の途上で早急・効果的に、そしてあらゆる偏見から解放された外部支援を自ら経験することではないでしょうか。わたしは、それを心から願っています。自由を獲得する道の途上で、こういった体験をすることは必要・不可欠な事柄でしょう。

社会正義――この問題は、今なお完全に解決されていない南側発展途上諸国とそこに生きる人々の生死に直結する課題として出現しています。同時に、社会正義の問題は、西側自由主義諸国とその社会においても決して解決がなされてはいません。決着済みの問題などでは、断じてないのです。

この社会正義は、多くの場合〝貧困と富裕〟の問題という出現形態を取るものです。そして、貧富の格差・矛盾をめぐる問題は人類の太古の昔から存在してきた一大テーマです。恐らく、それは人類史に登場した備蓄経済と土地の個人的所有の時代以来、存続してきたものであるはずです。この状態は、その後技術革新とその成果によって大きく変革され、人類は生活に必要なものすべてを十全に作り出すことが可能になりました。

現代における技術の進歩は、市場経済の原則に基づいて作り出された生産物が世界の広範な地域にまで運搬されている現状の中に、その成果が端的に示されています。自由主義市場経済は、先に言及した国家統制経済、すなわち〝上から〟管理する経済システムとは異なり、何よりも個人と共同体の〝健全な利己主義〟を育成しようとします。同時に、それは内部で数多くの人々の知性と勤勉を喚起する力を生み出そうと努力します。しかし、そうはいっても知性に溢《あふ》れたこの利己主義のシステムが、生産と消費に直結する根本問題を自力で解決する力を持っているとは考えられません。

いわんや、生産と消費をめぐる公平な分配という社会正義の問題を、資本主義的市場経済体制が解決することは到底不可能です。仮に、北側先進工業諸国においてこの「公平な分配」問題が正しく解決されるというのであれば、それはまさにそこに自由な法治国家が存在する時でしょう。別言すれば、合法性の原則、すなわち法を遵守するという精神が、そこにあることによって初めて可能となるはずです。ですから、法治国家においては社会的困窮者が自分の必要とするものすべてではないにしても、大部分を民主的手段によって獲得することが許されるのです。わたしは、これを社会民主主義の歴史的勝利の所産だと考えています。その後に続く歴史において明確化したのは、政治・経済面で保守主義を標榜していた諸政党が、社会民主主義のこの画期的遺産を自分たちの国家建設に不可欠の要素として採択したという歴史的事実です。

しかし、世界市場の現況を見ると、一国内の民主主義的法の秩序に匹敵しうる法的枠組みの欠如が目に飛び込んできます。最小限、こうした枠組み、もしくは法の秩序がそこに成立しないかぎり、政治領域における普遍的社会正義を確立することは、望むべくもありません。その上、この問題はさまざまな文化上の相違や貧困の原因、同時に結果でもある人口の爆発によって、いっそう先鋭化されざるをえなくなるはずです。少なくとも、社会正義が正しく確立されない場所では問題解決の可能性などとてもありえません。自然界の保護であれ、人間的自由の保障であれ、この社会正義の問題に最終的決着がつかないかぎり、根本的解決は不可能です。

以上、わたしはかなり手短に政治的・一般的論述を進めてきました。ここから、すでに言及した神学的省察の世界に足を踏み入れてみたいと考えています。決定的な出発点は、この時代のキリスト教神学はわたしたちがこれまで取り上げ論じてきた時代の諸問題に対して、どのように立ち向かおうとしているのかという問題提起です。その検証を試みることが、ここできわめて重要だという理解です。

この厳しい問いかけに対する最も単純明快な答えは、最初から時代の課題に対していかなる責任も負おうとはしない人間のそれです。彼らは、自らの責任において時代の課題や問いかけを考えようとは一切しない、あるいはその必要などないと言い切る人々です。したがって、彼らは自分の力が及ぶかぎり、他の同時代人と一緒になって問題の解決をしようとはしません。反対に、それらの問題から身を引いてしまうのです。

しかし、キリスト信仰に生きる者に本当にそうした所信や態度を表明することが許されるというのでしょうか。わたしは、直ちにそう反問し、次のような立論を展開したいのです。悠久なキリスト教の伝統は、必要にして十分、そしてより深みのある人間理解を後世のわたしたちに残してくれているのではないだろうか、と。その長い伝統の力によって、わたしたちは最もふさわしい時代認識や行動のあり方に関して、人間の責任によって引き起こされた幾多の問題に対して説得力を持った正解を提示できるはずなのです。

多少個別・具体的に論じていきましょう。まず、自然に関してです。主なる神は、この世界を創造された。同時に、神は人間をご自分の似姿、すなわち神の似像《にすがた》に即して創造された。それゆえに、人間は主なる神による被造の存在として、創造されたこの世界を心して保持すべき立場にあるのだ。人間は、創造された世界・自然界を、決して破壊してはならない——これが、旧約聖書「創世記」の第一章、第二章から、現代のわたしたちが聴き取る自然と人間、自然の保護と人間の役割に関する教訓ではないでしょうか。

次に、自由に関してです。新約聖書「マタイによる福音書」を読み進めていくと、イエスが次のように語っている箇所に出会います。すなわち、「あなたの敵を愛しなさい。あなた方を憎む者に正しくふるまいなさい。その時、あなた方は、天国において父なる神の子とされるであろう」（第五章四五節）。さらに、側近ペトロに向かってイエスはこう言明しています。「剣を鞘に収めなさい。剣を上げる者は、その剣によって滅びるからです」（第二六章五二節）。実をいえば、イエスがこの言葉を口にしたからこそ、心底彼に心服し、あらゆる武器の力の行使を許されざる暴力と考えて人生を送った一群のキリスト者が、歴史に誕生したのです。それが、現代の非暴力・絶対平和主義キリスト者（メノナイト、クエーカー集団）です。彼らこそ、この時代に入って初めて正義と平和に関する権利を主張できる立場に立った人々だといってよいでしょう。

そこで、社会正義に関しても一言しておきましょう。第二六代ローマ教皇ヨハネ・パウロ二世は、一九八七年全世界に向けた「ローマ・カトリック教会の社会的責任」に関する「教皇回勅」を発表しました。この文書には、カトリック教徒のみならずプロテスタント・キリスト教徒にとっても、大変有益で傾聴に値する内容が盛られています。例えば、そこでは現代資本主義、あるいは現代社会主義など、社会と人間に強い影響力を与えている思想体系のいずれもが、元来倫理的規範を要求する社会正義の創造に成功してはいないという厳しい批判が登場しているのです。これは、傾聴に値する理解です。南アメリカのキリスト教世界で強い支持を受けている〝解放の神学〟は、現代に生きるキリスト者に向かって、「イエス・キリストは、社会の底辺層に生きざるをえない貧しい人々のもとへ歩み寄ってこられた方である」というキリスト教的福音の真理をあらためて再認識させてくれた神学思想だと申してよいはずです。教皇回勅は、まさにここに深く関係してくるのです。

永遠の至福への道を求めて、イエスに近づいてきた青年がいました。彼は、物質的にとても恵まれた家庭の若者でした。その道を聞かれたイエスは、この青年に対してユダヤ教の「神の戒律」遵守を促します。すると、この青年は、イエスに向かって次のように反論するのです。「わたしは、それ（神の戒め）をすべて厳格に遵守した生活を送っていますよ！」。今度は、イエスがこの若者にきっぱりこう言明します。「それは分かった。じゃあ、あなたが今所有している財産のすべてを売り払い、貧しい人々に提供しなさい。そして、よければわたしと同道するかい？」。しかし、この裕福な青年は、悲しい顔をしながらイエスから離れ、家路につきました。彼には、あり余るほどの資産・財産があったからです――この問答は、共観福音書（マタイ、マルコ、ルカの三福音書）の中で紹介されている物語の一つです。物質的に何の不自由もないこの青年に限らず、この時代に生きるわたしたちに対して、所有する財貨や資産を自発的に放棄する行為、すなわち真に主体的・創造的な自己禁欲の倫理、あるいは普遍的な世界エートスの形成に向けた努力と勇気が今求められているのではないでしょうか。以上の具体例は、本格的考察のためのささやかな示唆の提供に過ぎません。わたしたちの本日の主題は、現代のキリスト教神学について論じることにあるはずです。

現代のキリスト教神学は、この時代と世界の繁栄や没落、生や死に直結する問題を本当に的確に解き明かし、世界に向かって正しく発言しているのでしょうか。今日、そうしたキリスト教神学はいったいどこに見られるというのでしょうか。神学は、ドイツ語でTheologie（テオロギー）といわれています。古典ギリシア語では、このロゴスは何よりもまず、理性的言葉を意味します。その意味で、神学とは文字通り、「神について、理性的な言語を駆使して語る営み」を意味します。その際、理性的であるとは、わたしたち近代ヨーロッパ史の文脈から考えるならば、まさに一八世紀フランスの啓蒙主義が要請した知的営為、すなわち合理主義的知性を指していると理解すべきです。しかし、ではこの啓蒙主義が追求した本来の課題と、キリスト教神学は今日、どこで、どのように関係しているのでしょうか。今、わたしたちに投げかけられている緊急な問いかけはこれに他なりません。

2　啓蒙とは何か

イマヌエル・カントの定義によれば、啓蒙とは人間が自分の責任で招いた未成熟な状態から脱け出していく行為全体を指します（「啓蒙とは何か」参照）。これは、ある意味では大変挑戦的な定義だと申してよいでしょう。しかし、ではあの一八世紀啓蒙主義は、啓蒙をどのように理解していたのでしょうか。少なくとも、次の点は確実に確認できるでしょう。すなわち、当時のキリスト教会は、人間を未成熟な存在として理解していたということです。

キリスト教世界は、今日に至るまで決して完璧に成熟しているわけではありません。フランス革命の標語である自由と平等、そして友愛は、確かにキリスト教の福音が人間にもたらした贈物であり、歴史の中に突入してきた神の国の可視的指標になったと考えることもできるでしょう。しかし、それらは時の経過と共に、結局内面性と願望の彼岸成就の世界へいつの間にか追放されてしまったのです。だからこそ、フランス革命は政治的スローガンと共に勃発せざるをえなかったのです。この時掲げられた三大スローガン、すなわち自由と平等、そして友愛によって、人々は、あの世ではなくこの世を、彼岸の来世ではなく此岸《しがん》の現世を、あらためて思い起こすことができたというわけです。

現代人の観察眼を持って当時を振り返ってみるならば、わたしたちは恐らく次のような理解を表明できるでしょう。啓蒙主義運動が掲げた高邁な理想や願望も、結局のところ完璧には成就しませんでした。掲げた目標に、彼らも到達できなかったということです。この点を政治的観点から考察するならば、そうした未完の現実がもっと鮮明に見えてくるはずです（革命の不首尾と王政復古）。

ところで、未完に終始してきた宗教（キリスト教）の理想郷（神の国成就）とこれまた不首尾に決着した啓蒙主義運動の理想は、いわば最大の仇敵同士の関係にあるといっても過言ではありません。そこで、わたしはただ今からこの両者、現代キリスト教と啓蒙主義思想それぞれの完成・

成就された状態と関係について、しばらく神学的観点、もしくは思想的観点からお話を展開してみたいと考えます。

ここで、再び皆さまのお許しをいただいて、わたしの個人的体験を手短にお話しさせていただこうと思います。わたしは、一六世紀宗教改革の伝統に立つプロテスタント・キリスト教会の中で生まれ育ってきた人間です。その中で洗礼を受け、そこで宗教教育を授けられてきました。遅くとも一五歳になった頃には、子どもの未成熟な信仰心とはいえ、わたしは自分が長い伝統を背後に持つドイツ教会という歴史的文脈の中に呼吸している事実を理解しておりました。

しかし、ヴィルヘルム皇帝の〝プロイセン的教育〟さながらの厳格さと保守性を持って展開されたルター派福音主義教会の堅信礼教育は、少年のわたしを教会から離反させるほとんど寸前にまで向かわせたほどでした。もし、わたしがあの時プロテスタント・キリスト教会を飛び出していたならば、わたしは赤い運命の糸により、カトリック・キリスト教会の信徒として、あるいはユダヤ教徒、イスラム教徒、ヒンズー教徒、さらには仏教徒、そうでなければ無神論者としてその後の人生を過ごすことになっていたかもしれません。とはいえ、今に至るまでわたしはドイツ・ルター派の伝統的キリスト教会の中で、一人のプロテスタント信徒として日々生活し、人生を送ってきました。

ところで、一般的に神話や宗教における規範・教義は、共同体のあり方と深く結びついているものです。そこでは、比喩の形式を取りながら、実に深い真理が語られています。他方、ヨーロッパの歴史の中で人々から偉大な哲学者と尊敬されている賢人たちは、その多くが実はキリスト誕生以前、すなわち紀元前（B.C.）の歴史に登場した人々です。この事実は、一考に価するというべきでしょう。

また、自然科学は、少なくともヨーロッパ史の場合を見るならば、キリスト教会が堅持する自己防衛的態度に対抗する領域として、自身の歴史を形成してきたと考えてよいはずです。そして、両者間のその後の対立関係は、結果としてつねに自然科学の勝利、キリスト教会の敗北という形態を取り、今日に至っています。わたしには、どうしても十分に納得がいかないのですが、高度な教育を受けた現代人は今もなお、この点、すなわち啓蒙主義思潮（自然科学）と宗教（キリスト教会）の間に歴然として存在する事実関係をほとんど承認しようとしないのです。しかし、これは自明の歴史的真理ではないでしょうか。自然科学が、宗教に勝利した歴史が、啓蒙主義思潮の歴史なのです。

個人的体験に再度戻りますが、一二歳の時手に取った新約聖書、あの「マタイによる福音書」のイエスの教え、〝山上の説教〟は、わたしにとってまことに感動的な経験になりました。真理を発見したというあの時の深い感動は、今でも忘れられないものとして、わたしの中に残っています。ライプチヒ大学で理論物理学を学んでいた頃、わたしは仏陀《ブッダ》の教えがその内奥に秘めた

〝安らぎに満ちた透明性〟に深く魅了され、心揺さぶられたものです。同時に、わたしは、カトリック・キリスト教会がその長い伝統を通して保持してきた典礼ミサ・祭儀中心の礼拝と信仰生活、そして黙想（Meditation）とそこを貫流している完全な孤独の世界は、その後わたしの人生により深みのある経験を可能にしてくれました。そして、わたしは自分の罪を認識し、告白する世界へと導かれたのです。その罪体験によって、わたしはより深みのある成熟した人間へと成長していくきっかけが与えられました。

宗教を中核に据えた多くの集団、すなわち宗教共同体は、暴政や独裁、戦争の勃発にもかかわらず、歴史を開拓し、今日まで生き残ってきた群れです。では、わたしたちはこうした歴史の事実と彼らの経験に対して、責任を持ってどのような考察ができるのでしょうか。人類史に見る諸宗教の経験から、現代人は何を学び取るべきか――これは、わたしたちが一度正面から論ずべき重要なテーマであります（後述）。

一八世紀啓蒙主義は、思想的には三領域の問題をわたしたちに提出してくれているとわたしは考えています。第一は、歴史をいかなる視座に立って理解するか、すなわち歴史認識の視点の問題です。第二は、この自然界に関わる学問の諸領域、すなわち自然科学の問題です。そして、第三として哲学上の認識が要請される領域、すなわち哲学的省察の問題があります。以下、これら三領域について順を追って説明を加えたいと思います。

（1）歴史認識

一八世紀啓蒙主義をいかに理解すべきかに関して、個人的見解を披瀝《ひれき》させていただきました。政治と宗教が、それぞれ内側に保持している信念は、歴史の展開の中であらためて相対化すべきであるという理解を、わたしなりの視点から論じたつもりです。しかし、この理解は決して両者が保持している信念の価値を貶《おとし》めるものではありません。もし、歴史の中でこそ人間の現実が正しく生起すると考えることが許されるのであれば、それはとりもなおさず、それぞれの歴史状況と政治的・宗教的信念が正しく結びつくことを意味するはずです。換言すれば、それはそれら諸信念の現実的関係性、すなわちそれらの確信が本物である事実を物語ることになるのです。

そうした意味で、新約聖書の中に出てくるイエスの言葉、すなわち「あなたの隣人を愛しなさい」と「あなたの敵を愛しなさい」は、文字通り「この両者いずれをも愛しなさい。親しい関係者と遠い関係者、その両者をまさに彼らが自分自身を理解しているように、真摯に理解するように努めなさい」と考えられるはずです。人間や事象を歴史的に考えるという思考のあり方の原点が、まさにここにあるというべきです。

歴史神学の三分野を介して、わたしはキリスト教神学へ導かれました。まず、旧約聖書の解釈史研究を通して、次いで新約聖書の歴史的研究によって、最後に教会史と神学史の学びによってです。

そこで、わたしと旧約聖書の学びからお話ししたいと思います。歴史学上の解釈という視点から考えるならば、わたしたちがもしキリスト教の正典とされている『旧約聖書』を、教会史神学、そして教会を長く支配してきた〝キリスト論的解釈〟からいったん解放しさえすれば、旧約諸文書は即座に人類史における最も卓越した歴史文献の一書として受容され、これら文書のすべてがそこで燦然《さんぜん》と光を放つきわめて貴重な歴史的記録文書になるはずです。

旧約諸文書の主役であるイスラエル民族は、主なる神ヤーウェの選民として歴史を生き、善悪を識別し、しかし同時にこのヤーウェによって与えられた恩寵のゆえに苦難を体験した歴史的共同体でした。道理をわきまえた善悪の識別という思想は、ユダヤ民族がその後の歴史に提供した人類の貴重な財産になりました。

旧約聖書の「サムエル記」（上下）には、すこぶる高質の歴史記述が見受けられます。それは、例えばこの歴史書が古代イスラエル民族史の二代目君主ダビデ王——民族史における最大の英雄を、彼のあらゆる人間的弱さを端的に指摘しながら厳しく批判するという記述の手法を採用している点などから明確に確認できます。「サムエル記」の著者は、一国の最高権力者をそうした視点から理解せよと自分に教示してくださった方こそ、唯一の真実なる神ヤーウェに他ならないこと、この神が万物の創造者であること、だからこそこの神の威光は全世界と人間のすべての歴史にまで及ばねばならないことを、彼の歴史記述を通して語り尽くそうと試みたわけです。

人類史に深く根を張った世界の諸文化を振り返るならば、わたしたちはそこに、倫理や道徳に関係する規則や規範が必ずしも明確な文章化、もしくは文字化されないまま伝承されている事実に気づかされます。しかし、その事実をことさらに防御し、正当化する人は、すでにそうした行為そのものによってそうした口伝的伝承の価値に疑念を表明することになるのです。例えば、イスラエル民族史の場合、そうした伝承上の規範はヤーウェ神によって授与されたとされるモーセ律法を意味しました。その規範は、民族共同体としての彼らにとって日常生活における絶対的遵守の対象となっていました。「サムエル記」の著者に限らず、イスラエル古代史に登場する一群の預言者たちも、世界の多くの国・民の中で王国イスラエルの影響力が日増しに低下していく現実を、彼らは主なる神ヤーウェの戒め（律法）に反逆したユダヤ民族の罪の結果として理解し、糾弾したのです。民族の背信と不服従は、最終的に前八世紀に住民がアッシリアへ捕えられ移されたことと六世紀の「バビロン捕囚」にまで突き進んでいきました。けれども、預言者たちは王や国民にただ単に審判と滅亡の言葉だけを厳しく宣告していたのではありません。

彼らは、同時に同胞の苦難の現実を眼前にしながら、そこで指導者や民衆に向かって救済と解放の究極的希望も熱っぽく語った宗教的思想家でもあったのです。すなわち、旧約諸文書の中の預言者たちは、共同体的絶望のど真ん中で、同時に希望と慰労を口にした人々であったということです。歴史的事実がそうであったとするならば、キリスト教徒が旧約諸文書を、いわゆる〝キリスト論的立場〟から解釈しようとする際には、今ここで確認されたような旧約諸文書の歴史的状況、あるいは古代イスラエル史の歴史的文脈をその真実な深みにおいて正しく受け止めなければならないはずです。

具体的事例を挙げるならば、旧約諸文書中の「イザヤ書」が考察の対象になります。そこには、後代の人々から「第二イザヤ」と呼ばれた記述箇所が登場してきます。そこでの中心人物は、「苦難の下僕《しもべ》」と命名された救世主《メシア》来臨の姿です。そして、周知のようにキリスト教徒は、ここに登場する〝神の下僕〟をイエス・キリストと二重写しで理解しようとします。苦難の下僕の歴史的具現者が、イエス・キリストに他ならないという解釈を、キリスト教徒は旧約諸文書に適用させているわけです。これは、ユダヤ民族の歴史的所産である旧約諸文書がキリスト教徒によって、まさに〝キリスト論的視点〟から解き明かされている典型的箇所です。そのように解釈すること自体は、可能でありうるでしょう。けれども、〝苦難の僕〟がユダヤ民族史の中を自身が生き、歩んだという民族的・歴史的な現実として、はたしてそこで本当に深く正しく受け止められているのでしょうか。

もう一点、別の具体例を挙げて考えてみましょう。一般的に、黙示思想とは、苦難と希望という二つの対極的世界に、人生と日々を送る人間を主題として展開される歴史哲学のジャンルに属します。アッシリア帝国やバビロニア帝国など、メソポタミア文明圏の強大な四帝国は、たとえその実体において見かけ倒しの巨像の支配であったにせよ、人間に対する他の人間の権力誇示の象徴であったと考えてよいでしょう。ユダヤ人の終末思想において、これらの権力は主なる神ヤーウェの意志によりいずれ打倒される対象として理解されています。神の国の到来が、近くない将来に必ず見られるであろう――こういった黙示文学的終末思想が、後期ユダヤ教時代に次第に主流になっていきました。そして、新約聖書の主役であるイエスは、まさにこうした神の国待望と期待の民族的・宗教的雰囲気の中に誕生し、人生を送られた人物だったわけです。

新約聖書の研究を挙げてみましょう。ギリシア哲学の研鑽を積んでからかなりの歳月を経た後に、わたしは新約聖書を本格的に学ぶようになりました。しかも、それはまずコイネー・ギリシア語で書かれた新約聖書を直接その原語を通して、素朴に読み始めることから出発しました。そして、その中のある言葉がわたしの心に大変印象深く迫ってきたのでした。それは、〝エーンギケ〟というギリシア語の表現でした。これは、文法的には〝エンギゾー〟（接近する、近づく、の意味――訳者）という動詞の現在完了形ですが、新約聖書では現在の状態や進行を伝達する時制の言語としても、頻繁に使われています。新約聖書の文脈に即して考えるならば、このエーンギケには、すでに神の国がこの地上に到来したという意味が含まれているといってよいでしょう。別言するならば、神の国は今、ここにあるという意味を伝達する表現として、このギリシア語の完了形が使用されているわけです。わたしたちのただ中に、神の国は現存するのだという解釈がここにあります。イエスが、複数の福音書の中で比喩形式を用いて語っている神の国の理解に、それが具体的に示されています。例えば、神の国は、ちょうど小さな〝芥子種《からし》〟が巨大な樹木へと成長していくように、神の国は人間のただ中で具現化していくものだ。あるいは、神の国もまた〝パン種〟に酷似している。それが、十分に発酵した後食卓に供せられるように、神の国もまた徐々に〝発酵する〟ことによって人生をより豊穣なものに変えてくれるであろう――こういった比喩形式で、イエスの口を通して神の国の現存が語られているわけです。わたしは、共観福音書で語られているイエスのこれらの言葉がその内奥に秘めている驚嘆すべき力、むしろ真理の言葉と言い換える方がより適切なのかもしれませんが、それを否定することなどできません。また、そのつもりもありません。

その点、興味深いのは、共観福音書とは違い、ヨハネ福音書に見るイエスの〝語り口〟（説話の手法）です。それは、この福音書の著者が、前五世紀ギリシアの歴史家トゥキディデスが定式化した歴史記述の仕方、すなわち最も主張したい真理をある具体的な人物の口を通して後世に伝達しようとする手法をすでに取り入れながら、自分なりの福音書を執筆しようとしている点に、端的に示されています。ヨハネ福音書における〝キリスト論〟には独特の深みがあるといわれる理由は、まさにこうした歴史記述の手法がそこに広く採用されているからに他なりません。

こう考えると、ヨハネとパウロの二人は、すでに生前にイエスが語った〝福音的真理〟の解釈者であると見ることができます。彼らは教会史の初期時代に属する人物だといってよいはずです。わたしには、後世の人々に伝承された神学的キリスト論は、この地上に誕生し、語り、行動した人間イエス、あるいは〝歴史のイエス〟が保持する全貌のわずか三分の一程度しか伝えられておらず、残り三分の二は今に至るまで隠された秘儀として残っているのではないか――そうした思いを禁じえません。とはいえ、次の言葉は十分信頼に値するものであるはずです。すなわち、「わたしの言葉を行ないなさい。そうすれば、あなた方はそれらの言葉がすべて真実であることを知るでしょう」。そうだとすれば、覆い隠された部分の多量を根拠にしてイエスの言葉の信憑性に疑念を抱く必要性はまったくないといってよいでしょう。

ここから、わたしがどのように教会史の学びの世界へ進んでいったかをお話しさせていただきます。

教会史が後世の人間に語り伝えているものとは、いったい何なのでしょうか。そこからわたしたちが学ぶものとは、要するに何なのでしょうか。こうした問いかけから考えていきたいと思います。この教会史について、かつてわたしは単純にこう考えていました。一八世紀のフランス啓蒙主義の時代までは、後一世紀のキリスト教徒たちに優って歴史の終焉《しゅうえん》を熱心に待ち望んでいた人間は皆無ではなかったか、と。そうした経緯には、逆説的な要素があるのです。何よりもまず信徒たちは、彼らの主キリストの再臨を渇望する終末信仰の中で、西方世界の最後の帝国ローマの滅亡を切望していたのです。

しかし、歴史の現実はその真逆の方向に展開するに至りました。ローマ帝国は崩壊せず、反対にキリストの再臨はありませんでした。そして、ローマ在住のキリスト者たちは、この帝国の中で後四世紀には社会の主役の地位へと変貌していくのです。キリスト教徒は、ローマ帝国の中で今や具体的な責任を果たす立場に身を置くようになります。強力な影響力の行使可能な言動が、彼らに求められていきました。

ローマ皇帝とキリスト教徒との間に発生した政治的緊張関係は、やがてキリスト教会の内部に信仰上の緊張関係を作り出すに至ります。国家と教会の緊張関係は、どのような時代にも繰り返し生じるものですが、まさにそれがヨーロッパ世界ではその後の歴史全体を推進する駆動力の役割を担ったのでした。しかし、同時にわたしたちは、この政治と宗教の緊張関係が恐るべき側面にも出現したという事実を忘れてはならないでしょう。それが、キリスト教会における非寛容な宗教政策の戦慄すべき展開で、異端審問（Inquisitio）と宗派間戦争（Glaubenskriege）が、そうした顕著な事例です。カトリック教会のこうした非寛容な宗教政策は、いわば自己正当化への熱心さがいびつな形態を伴って倫理的な内的衝動として噴出した所産だと考えてもよいでしょう。現代でもこれによく似た現象が、イデオロギーのかたちで見受けられるのではないでしょうか。

「わが家を思うあなたの熱意が、逆にわたしを滅ぼす」（詩篇第六九章一〇節、「ヨハネによる福音書」

第二章一七節)。

しかし、本来キリスト教にとっての最大の危機は、此岸の世界に属する現世の状況との無責任な結託、あるいは野合にあるのではないでしょうか。この悪しき〝和解〟は、神の国を熱心に待望するというキリスト者の終末的希望を追い払い、それをいつの間にか内面化と彼岸化の世界に閉じ込めてしまったのです。人間の生きた現実に背を向け、ひたすら安心立命の世界を説くキリスト教世界のこうした態度は、当然ながら理性的合理主義に立つ啓蒙思想の激しい抗議を呼び起こすことになりました。それは、まず政治領域の啓発運動として開始され、次いで社会的にフランス革命の展開として具体化されたわけです。

わたしは、冒頭でわたしたちが今日実現すべき課題について言及しました。そして、それは今に至るまで成し遂げられていません。しかし、焦る必要も決してないでしょう。キリスト教会の成立以来、二〇〇〇年の年月が経過しました。けれども、人類史の悠久な長さに比べれば、教会史二〇〇〇年はほんの一瞬の時間に過ぎないのです。

この時代に生きるわたしたちは、二〇〇〇年前とは異なる新しい、別の知識を獲得しています。さらに、現代のわたしたちは人間意識の変化という問題に関しても、後一世紀の時代とは根本的に異なる意識状況下に生活しているのです。これは、わたしたちに何を物語っているのでしょうか。わたしは、こう考えています。

時代や時間を超えた人間の現実を同様に問題にするとしても、わたしたちは二〇〇〇年前の人々とは異なった思考を展開する必要があり、同一対象であれ相異なった言葉で表現すべきではないでしょうか。つい今しがた、わたしは歴史記述における言語（「ヨハネによる福音書」の独特な表現）についてお話ししました。多分、それはここにおられる神学者の皆さまにとっては特段目新しいものなどない内容であったはずです。しかし、わたしは、こうした歴史理解や記述の仕方が歴史的には一九世紀歴史主義の所産であるという事実に関して、わたしは皆さまにあらためて注意喚起をさせていただこうと存じます。この歴史理解がヨーロッパ史で主流になったのは、ちょうど近代的合理主義の思想が絶大な力を発揮した頃、すなわち一九世紀後半以降、自然科学が圧倒的優勢を誇った時代でした。今日、わたしたちは自然科学の問題や課題を考慮することなくして、神学の構想を練ることなどありえないのではないでしょうか。そこから、わたしたちは必然的に神学と自然科学の領域へ考察の目を向けていくことになります。

（2）自然科学と現代

自然科学は、近代文化の硬派の中核を形成する――わたしたちは、近代の自然科学をそう呼ぶことができるでしょう。確かに、自然科学はヨーロッパ近代の文化が総体として待ち望んだ最高の傑作ではありませんでした。しかしながら、近代自然科学は、人類に対して疑問の余地なき確実性をもたらした学問の領域でした。そして、近代科学はキリスト教会の伝統的自然理解や人間観に勝利したのです。だからこそ、完成からなお程遠くあった啓蒙主義運動は、近代科学のこの勝利を合言葉にして展開していきました。

周知のように、近代精神分析学の父ジークムント・フロイトは、宗教に対する科学のこうした勝利を申し分なく事実に合致するものとして自我の体面を傷つけるものであると評しました。彼は、それを三点から論じました。まず、一六世紀ニコラウス・コペルニクスは、世界の中心が地球ではない、地球はあくまでも太陽系の一部である事実をわたしたちに教えてくれました。彼は、宇宙物理学者でした。第二に、一九世紀チャールズ・ダーウィンは、人間が天地創造の主人公ではなく、あくまでも生命個体・動物の子であることを教えてくれた自然科学者でした。第三に、二〇世紀フロイトに始まる精神分析（深層心理）学は、意識化された自己が世界の中心などではなく、真実な自己は魂・心、あるいは精神の中にこそあることを現代人に教えてくれました。フロイトは、一九世紀後半にウィーン大学で医学を修め、そこで教え、後に開業医に転身した自然科学者でした。しかしながら、これらの指摘はキリスト教神学が自ら謙虚になるためには、きわめて重要な指摘です。また、教会が自身に託された本来の使命を正しく理解するための不可欠の道程になるのではないでしょうか。

自然科学と神学の相互関連性は、いったいどこに見出されるのでしょうか。現代の天文学は、わたしたちに人間が太陽系の一惑星であるこの地球の上に呼吸する有機体生命の一つであるという事実を教えてくれます。わたしたちの星雲、この銀河系宇宙には一〇〇〇億近くの同様な太陽系があると推定されています。現代人が所持している天体観測機器は、少なくともこうした惑星群が一億単位の数に達すると計算しています。現代天文学に見るこうした宇宙の巨大な空間は、逆に人間存在の小ささ、いや卑小さを如実に指し示すだけではなく、同時にヨーロッパのキリスト教神学の伝統的神観念が、どれほど大きく人間中心主義に偏向していたかを暴露しているのではないでしょうか。夜半の天空にまたたく星たちの輝きを仰ぎ、しかしそれが実は、何億光年もの遠い彼方の宇宙にある光源体から発せられた光輝であるという事実を知った時、いったいわたしたちはそこから何を感じ取るべきなのでしょうか。

自然も、それ自体で独自の歴史を持っているのです。そして、人間の目に映るこの自然の世界は、今もなお膨張を続けています。恐らく、それは今からおよそ二〇〇億年前に開始されたはずです。この歴史の過程で、わたしたちが今居住している地球の歴史が、およそ四五億年前に開始されたのです。地球上の生物、すべての生命個体は、この歳月の中で誕生し、発展し、現在に至っているわけです。例えば、脊椎《せきつい》動物の年齢はおよそ六億歳になります。人類の登場は、数百万年前からです。そして、約一万年前に人間の文化史が初めて開始されていきました。文化とは、まさにラテン語でクルトゥーラ（cultura）、すなわち耕作や開墾を意味する言葉です。この文化をめぐる諸問題については、すでにその一端をお話しさせていただいたところです。けれども、人間文化の開始という出来事などは、生物進化の悠久な歴史に比べて考えるならば、ほんの一瞬の事件に過ぎません。生命体進化の歴史を、時間的に一日の出来事とするならば、人間文化の開始は二四時間の最後のわずか一秒の間に生じた事件に過ぎません。

ところで、一七世紀以降わたしたちに解明され始めた自然の歴史は、人間の創造についての理解を再検証させるものでした。ヨハネス・ケプラーは、一六世紀後半から次世紀の前半（一六三〇年死去）に生きた天文学者でしたが、同時に彼は敬虔な新プラトン主義者でもありました。ケプラーは、数学に見る体系的法則、別言すれば惑星運動が指し示す見事に調和の取れた法則の中で神と出会ったキリスト者でした。自然界の超神秘的調和の世界に、彼は神の実在を確認しようとしたわけです。わたしは、ケプラーに限らず、他の偉大とされる自然研究者たちの中にも、これと似た〝敬虔な宗教的情熱〟を見ます。

とはいえ、まったく別な思考回路が誕生してきました。イギリスのアイザック・ニュートンは、ドイツ人天文学者のケプラーが発見した「惑星三法則」を、古典力学の根本原則から解き明かそうとした科学者です。彼は、宇宙の惑星体系の成立を、それが力学からは一見説明困難であろうことを十分知りながら、しかし、ケプラー同様に彼もそこで神の存在証明を敢行したのです。すなわち、ニュートンが展開した方法論は、この世界の創造者を証明することではなく、世界の建設に責任を負う存在、技術者としての神を証明しようとする点にその特徴があるといってよいでしょう。しかし、自然科学のいわば〝漏れた隙間〟から試みられたこの種の神存在の証明は、その後つねに挫折を免れませんでした。イマヌエル・カントも、その活動の初期には、古典力学の見地から宇宙の体系を解明しようと努めた科学者でした。彼は、宇宙の神論について次のような認識を展開しています。世界の創造という究極の目的のために、自身が制定した法則を恣意的に破棄してしまう神よりも、法則を付与して必要に応じて世界を誕生させようとする神の方が、ずっと敬神に値するのではないか。カントのこの神理解の論理は、ゴットフリート・ライプニッツ（哲学者・数学者）のそれと深く通底するものがあるのではないかとわたしは考えています。

わたしは、今ご紹介した科学者たちの推論は確かに傾聴に値すると思います。しかし、一点だけ異論があります。それは、すべての立論があまりにも人間中心の神論、あるいは擬人化された神をめぐる議論に終始しているのではないかという点です。彼らの神論は、あまりにも人間学的に展開されているとわたしには思われてなりません。

もし、こうした理解が不当でないとするならば、次にわたしたちはこう問いかけなければなりません。仮に、わたしたち自身が神の立場に身を置くことが許されるとするのであれば、いったいそこでどのような世界を創造しようと思うのだろうか。ここに、自然科学と神学のあるべき関係を探求する本質的問題が潜んでいるはずです。

さて、現代の物理学と生物学は、従来とは違った、恐らくより深みのある問題提起をしています。とりわけ、それは両者間の密接な関係性を通して問題が提出されてきたと見るべきでしょう。こうした相互関係の探求における物理学の核心は、将来はともかく現時点では、やはり量子理論です。この量子論の応用によって、化学上の法則解明も可能となるはずです。さらには、有機体生命の厳格な説明にあたって、現代分子生物学がこの時代の物理学や化学以外の学的方法論を応用しないのは、ほぼ無為無策な対応だというべきでしょう。ダーウィンの進化論は、理論仮説としては何一つ疑う余地がありません。

しかしながら、彼の「適者生存」を中心とした理論仮説は、少なくともその量的側面では、まだほとんど証明されてはいないのです。しかし、現代生物学者のほぼすべてが、彼のこの仮説を説得力があるとして原則的受容を表明しているのが現状です。少なくとも、わたしはこの点に関してまだわたしのこの理解に対する本格的反論に出会っておりません。要するに、ここでわたしたちが確認できることは、人間もまた一体性を保持するこの自然界を構成する一部であること、したがって人間存在も他の生物と同じように自然の子であるという、自然と人間の関係性です。

そして、両者の関係性確認の作業は、わたしたちに自然科学で用いられる諸概念の意味性を、哲学の立場から問い直すことを否応なく要求してくるはずです。概念の不明瞭性という点では、最も顕著な事例としていわゆる〝精神と肉体〟の関係、換言すれば魂と体の問題が挙げられます。

近代哲学の父と呼ばれるフランス人のルネ・デカルトは、一七世紀初頭にこの両者の間に存在する概念的対立を、二つの実体に分類しながらより明晰な関係づけを試みた哲学者・数学者でした。ラテン語で、レス・エクステンサ、レス・コギタンスと呼ばれる二概念ですが、前者は外延的実体、すなわち物質、後者は、認識的実体、すなわち自覚・意識といった意味を示す言葉です。物質は、数量の世界ですから、学問的には数学に従属した存在です。

他方、意識や自覚は、どこまでも人間の内面世界の実体である以上、自分自身だけでなく外的物質も認識・思惟の対象とすることができるはずです。このように理解することが許されるとすれば、現代生物学は、人間を含めたあらゆる生命個体をこのレス・エクステンサの概念によって説明できるはずです。そこでは、生物学単独では理解できなかった問題、デカルトの用語でいうならば「最も確実な実体」、すなわち人間意識をめぐるさまざまな問題が、初めて浮上してくることになります。

この問題に最終的解決を提示しているのが、量子理論です。これは、わたしの強い個人的確信です。ただし、時間の関係上本日の講演ではその詳細な論点にまで論及することはできません。量子理論は、その出発を見るかぎり確かに抽象的な印象を与えています。この理論は、空間やレス・エクステンサ（外延的実体）を前提とする必要がないからです。わたしの理解が間違っていなければ、むしろ量子理論はすべての対象にとって、経験に基づいて下される択一的選択の決定に重要な基礎を提供しています。そのために、この対象は空間世界に具体的なかたちを取るものとならなければなりません。また、そこではデカルト的意味における外延性が確保されなければなりません。

これは、わたしたちが自分の意識を自己観察する時、経験に基づいて決定を下す際の問題にも該当してきます。言い換えれば、そこでは意識さえも自らを二次的存在、空間における対象、精神に対する物質として認知しなければならないことを意味します。このように理解された量子理論は、精神的一元論哲学との間に一致を見出すことができるでしょう。そこでは、フリードリヒ・フォン・シェリングの言葉を借りて表現するならば、「自然は、精神である。しかし、その自然は、いまだ自身が精神であることを知らない存在である」ということなのです。次に、実際の意識化は、精神としての潜在的意識を秘めた海の進化の過程を通して出現します。一言で、わたしたちすべてが、それぞれ同一の精神を構成する各部分であるということでしょう。

地上の生命個体がそれぞれ高度な発展をし、進化を促進していくその程度に応じて、主観的解釈がそこに支配的になりました。支配的になったという以上に、〝苦悩が増大した〟というべきでしょうか。苦しみ、悩む、すなわち苦悩すること——個としての人間の幸福は、決してダーウィンが主張したような「適者生存」の結果に存在するのではないはずです。この苦悩は、仏陀の宗教思想の出発点を形成しています。人間それ自身が、飢えと渇き、苦しみと悩みの主体であるという人間観は、ヨーロッパ世界の一方的な調和強調主義（Harmonismus）と比べると、はるかに人間の現実を射抜いた人間認識であると考えられないでしょうか。

「エデンの園」（旧約聖書「創世記」）、すなわち楽園は、進化のビオトープ（安定した生活空間）の中では自らの生命認知がやっとなされているに過ぎません。他方、人間は自らの歴史を回顧し、認識可能な存在です。ところが、旧約聖書の記述によれば、まさにその人間がこの楽園から追放処分を受けているのです。そこから、人間にとって哲学すること、すなわち省察の行為が必要とされるに至りました。いったい、哲学は、こういった神話に対して、あるいは宗教上の信仰や学問に対してどのような関係にあると考えるべきなのでしょうか。

哲学は、驚嘆を伴った懐疑から開始されるといわれます。わたしたちは、自分が言葉でもって語ったその内容を、本当に十分知っているのでしょうか。自分が語った内実をわたしたちは、自身で本当に正確に理解しているのでしょうか。こうした問いかけと共に、わたしたちは哲学の領域に入っていくことになります。

（3）哲学の課題

キリスト教思想と哲学との出会いは、すでに初期の頃から開始されています。すなわち、キリスト教の信仰は、ラテン語と並ぶこの時代の文化言語、すなわちギリシア語を媒介にして、その文化の中に生きていた当時の人々に紹介されたのです。さらに、ギリシア哲学は当然ギリシア的教育を受けた知識人たちにとってはいわば〝宗教〟でした。同時に、それは一八世紀啓蒙主義者たちにとって思想の〝故郷〟でもあったと申してもよいでしょう。

神学（ギリシア語で、テオス・ロギア、ドイツ語では Theo-logie）という言葉の持つ原意は、神について理性的に語る行為ですが、それは古来ギリシアの形而上学において最高の地位を占めていた学問分野でした。人類史に対するギリシア人の最大の貢献の一つは、人間社会に〝真と偽〟に関する明晰な識別を紹介した点にあるといってよいはずです。一般的には、この識別は数学によって確証され、哲学を通して探究される性格を持っています。ギリシア語のテオスは、元来ギリシア哲学、特に形而上学において民族諸宗教が至高の存在に対して畏敬を持って呼んだ名称です。

こうした歴史的経緯を見るかぎり、キリスト教神学はその信仰思想とギリシア哲学との〝結婚〟によって誕生した子どもであると理解してよいでしょう。そして、この結婚は一方で豊かな結実を確かにもたらしました。しかし、それと同時に、その婚姻は、信徒の実際の教会政治の中に「キリストに対する信従か、ローマ皇帝への服従か」の択一的選択に示されるように深刻な緊張関係も生み出したのでした。

ギリシアの思想的遺産は、さらにキリスト教教義における核心とも呼ばれるべき神理解、すなわち父なる神、子なる神、そして聖霊なる神をめぐる神学的解釈・三位一体論の中にも見受けられます。ただ、この解釈はかつて危険思想として厳しい批判を受けもしました。わたしは、少なくともそうした印象を抱いております。もちろん、この三位一体論は神理解に関して教会の深い経験を内に持つ中に展開された解釈論であったと考えてよいでしょう。もっとも、ここに表明されている神理解は新約聖書の中にはほとんどその痕跡を確証できないものです。反対に、そこにある抽象的論理の構造はギリシア哲学の世界を十分髣髴《ほうふつ》させてくれています。

理性的言語を駆使しながら、至高の存在を論じるという学問の手法は、ギリシア哲学史においては恐らくストア派のそれに遡及するはずです。一例を挙げれば、後三世紀新プラトン主義哲学の開祖プロティノスを見ると、すでにそこでは、人間的表象では語れない一者が、この一者を永遠に観想する理性と出会い、その理性を有限の時間の中に同道する魂と遭遇する三者の存在が論じられている事実を、わたしたちは確認できるのです。

キリスト教神学は、今でもなお宗教的経験を〝三位一体論〟として語ることが可能なのでしょうか。こうした問いかけは、ここ数十年展開されたエキュメニカル（教会一致）運動の中でも浮上してきた大きなテーマですが、わたしはその重要性をコンラッド・レイザー氏の新著『過渡期にあるキリスト教世界』を通して深く教えられました。この著作に傾聴しつつ、わたしは三位一体論について自分なりの視点から、二、三考察を試みてみたいと思います。

ユダヤ教徒、キリスト教徒、そしてイスラム教徒に見る共通点は、神を創造主として告白する信仰にあると考えてよいはずです。多少、これは図式的に、また合理的に過ぎる分類といえるかもしれませんが、これら三宗教をわたしたちは一般的に〝一神教〟的宗教だと呼んでも構わないでしょう。以前わたしは、宗教がその内側に保持する四つの特徴について整理を試みたことがあります。すなわち、宗教は、第一に文化の担い手である、第二として宗教には倫理の徹底化という役割がある、第三に宗教は深い内的体験という側面を持ち、第四として宗教は神学という理性的・学問的思考の世界と密接な関連を持つ――こういった四つの特徴です。

旧約聖書の中でこれらがどれほど豊穣なかたちで登場しているかについては、すでに触れさせていただきました。主なる神ヤーウェの倫理的戒律（例えば、「モーセの十戒」）はイスラエル民族の人生と日常生活を根底から支えていたモラルでした。詩篇や祈り、あるいは預言といった旧約諸文書は、この民が神の求めと力をどのように経験したかを如実に指し示す記録であるといってよいでしょう。そうした日常的生活体験を文章化し、言語によって表明する作業が、神学です。ここで神学は、もっぱら記述を中心とした学問的営為になるはずです。人間の深い内面の神体験の解釈と言語化が、神学の本来的役割だというべきです。

ところで、新約聖書を繙《ひもと》くと、わたしたちはイエスが弟子たちに向かって、「主なる神は、わたしたちの父であられる」と語りかけている箇所に出会います。そして、イエス自身は、使徒パウロがその書簡に記しているように、兄弟たちの中で最初の誕生者、すなわち長兄として理解されています。イエスを救い主として受け入れ、彼に信従を決意した多くの人々は、この人物の中に父なる神の現臨を経験として認知したのでした。同時に、このキリストを神の第二のペルソナ（人格）、すなわち〝子なる神〟として認識したキリスト論は、いわば比喩的な語り方として、信徒たちの礼拝の中ではまだ十分に理解されていませんでした。少なくとも、わたしにはそう思われてなりません。あるいは、キリスト論は、主イエスの言葉に忠実に生きようという心の準備さえあれば、日々の生活を介して十分理解できる福音的真理の精神主義化、あるいは心理的内面化に対して、今なおわたしたちに警告を発しているのでしょうか。

　第三のペルソナ、すなわち〝聖霊なる神〟をめぐる神学論は、まさにキリスト信徒の日常生活における具体的体験や経験を主題にした教説です。それによれば、神の聖なる霊は人間の間に現臨される神存在の確証を指し示しています。聖霊を媒介とした神の現臨は、キリスト者をしてその信仰生活の中で多種多様な生き方を可能にさせます。教会生活における相互の愛を基調とした共同生活から開始され、集会における生命の息吹の共感や隣人理解における豊かな広がり、すなわち他者としての隣人と苦しみを分かち合い、隣人をあるがままの姿で受けいれようと努め、隣人の可能性を信じ切る力を獲得するに至ります。さらには、聖霊の力によって歩むキリスト者は、人間の能力をはるかに超えた預言者的行動をも開始でき、人々を激励したり、社会に向かって警醒的発言をしたりする段階に進んでいきます。最後に、彼らは静寂な密室での祈りや言葉など不要な、完全な沈黙に終始する内的瞑想《めいそう》体験の世界へと導かれていくのです。

わたしは、三位一体論をあえて哲学という表題のもとに展開しましたが、その意図を理解していただけたでしょうか。マルティン・ルターから始まりブレーズ・パスカルを経て、カール・バルトに至るまで、ギリシア哲学の存在論をキリスト教神学から排除しようとする傾向が一貫して見られました。わたしは、彼らがキリスト教信仰の真に卓越した擁護者であり、ギリシア的存在論を意図的に遠ざけようとするその動機も十分理解しているつもりです。しかし、同時にわたしたちは、キリスト教神学の三位一体論が哲学的起源にまで遡及する事実を正しく認識しておくことも大切なのではないでしょうか。哲学の役割は、わたしたちが言葉で提示するその実体を、繰り返し正確に理解しようとする知的企図であるところに見出されるのです。ですから、本日わたしもまたそうしたことをここで試してみたいと考えているわけです。

ヨーロッパ哲学のここ二〇〇〇年の歴史を回顧してみるならば、そこに展開された最も重要な出来事は恐らくギリシア哲学の時間を超越した、非歴史的な形而上学の世界に、歴史概念を持ち込んだことではないでしょうか。歴史性の承認という画期的貢献です。もし、ドイツの哲学的伝統の中でこうした歴史概念の導入に貢献した人物を三人挙げろといわれるならば、わたしは躊躇《ちゅうちょ》なく一九世紀前半のゲオルク・ヘーゲル、一九世紀後半のフリードリヒ・ニーチェ、そして二〇世紀のマルティン・ハイデッガーを挙げたいと思います。ヘーゲルは、形而上学と歴史概念、この両者がそれぞれ内に持つ特徴を何とか和解させようと努力した哲学者です。これに対して、ニーチェは両者の決定的な溝や亀裂を強調した人物でした。そして、両者間の終わることなき葛藤と矛盾を徹底的に思索に委ねた哲学者が、ハイデッガーだったのです。

自然科学は、宇宙生成論と生物進化の学説によってヨーロッパ近代に決定的な貢献をした学問領域です。そして、歴史学もこの時代に相対的な歴史観と確証の現実的認識を通してやはり本質的な貢献をした社会科学の領域です。わたしは、この後者についてはすでに先ほどそこに立脚しながら立論を展開したつもりです。

現代キリスト教の課題の一つは、自らの宗教的立場を絶対視せず、反対に開かれた姿勢で世界の諸宗教を受容し認めることではないでしょうか。この視点は、少なくとも従来のキリスト宣教の中には欠落していたものです。しかし、この課題遂行は、キリスト教徒たちが自身の信仰を唯一絶対なものだと主張し固執するかぎり、ほぼ不可能に近いでしょう。なぜなら、そこでは世界の諸宗教に対する疑惑と不安が支配し、彼らに対する真摯な態度などとても期待できないからです。

3　宗教の対話

この場に参集しているわたしたちのほぼ全員が、キリスト教徒でありましょう。また、同じ学問領域に従事している同僚関係にもあるはずです。わたしは、そうした立場から、ご一緒にまだ実現していない人類の未来に目を向けて、新しい展望を試みてみたいと思います。

人類史の観点から見るならば、わたしたちのヨーロッパ文化は後進文化です。ヨーロッパ文化は、決してその初期から先進性を有していたわけではないのです。しかし、そのヨーロッパ文化はここ二、三〇〇年の間に、自ら開発した優れた科学・技術の諸成果によって一定期間この世界に君臨し、その支配に成功しました。ヨーロッパ諸国は、海外に多くの植民地を獲得しました。けれども、現在少なくとも政治的支配という点では、植民地支配の政策は世界から消滅していると考えてよいでしょう。現代世界を今支配しているのは、経済の領域における〝植民地主義〟政策で、これは目下継続されています。この支配は、実質的に機能していると同時に、そこに深刻な倫理的・道徳的問題を引き起こしているというべきものがあります。この点については、わたしはすでに多少言及したところです。たとえ、経済領域における支配がなくなったとしても、人類の歴史が今後も存続していくかぎり、そこに思想上の変質が残っていくはずです。これは否定できない未来の現実です。海外諸国や地域のそうした精神領域の変質現象は、当然ヨーロッパ世界にも逆作用を惹起《じゃっき》し、ヨーロッパ人が抱く地域的エゴイズムをいっそう疑わしいものにしていくはずです。ここに、徹底した意識変革がわたしたちに要求されてくる理由が潜んでいると考えるべきでしょう。では、キリスト教神学はいったいどのようにして、この意識変革の作業に参画できるというのでしょうか。

わたしは、大学へ進学する前の時期、ギムナジウムの生徒だった頃の体験を思い出します。海外の宗教事情に関して、自分がどのような教育を受けたかをあらためて想起させられるのです。キリストの父なる神は、キリスト教徒だけの真実な神として自己啓示をされ、世界の他宗教に帰依する人々は結局のところ誤謬《ごびゅう》に満ちた生活の中に沈んでいるのだと教えられたのです。しかし、これは本当に主なる神を喜ばせる教育だったのでしょうか。あるいは、そうした理解は真実にわたしたちの父なる神が希望されるものだったのでしょうか。生徒だったわたしは、こうした宗教教育にはどうしてもなじめませんでした。しかし、もちろん、だからといって疑問をそのように相対化させるだけでは、問題の根本的解決にならないであろうということもわたしにはよく分かっていました。換言すれば、新しい別の人生の羅針盤が提供されないかぎり、単なる宗教の相対化では真の内的確信には導かれないという問題がここにあるわけです。

他方、世界の諸宗教に共通に見られる傾向とは、それぞれの宗教が寛容の精神のもとに共存していこうとの意思があるところでは、各宗教の自己判断や自己理解が表明されているということです。ただし、これらの判断や理解は、多くの場合自己の理解能力を超えた実体をあえて言葉化しようとする皮相な合理主義思想に支配されるものです。そうはいっても、こうした〝浅い〟判断や理解を検証してみることは、後学として有益であるはずです。

古代イスラエルの宗教的伝統に目を向けてみるならば、わたしたちはいつもそこで後世の人々が、先の時代に生きた人々を正当に評価し、承認しているというパターンに気づかされるのです。反対に、歴史的に先輩格の人間は後輩格の人間を正当に受け止め、認めようとはしないものです。そうした事例を二、三挙げれば、まずユダヤ教徒はキリスト教徒のイエスのメシア性、すなわち「イエスは、キリストである」の告白や彼らの主張を、絶対に承認しません。ユダヤ人にとって、イエスはキリスト（救世主）などではありえないのです。しかし、〝後輩格〟のキリスト教徒は、自分たちの「信仰と生活の正典」、すなわち聖書の中にユダヤ教徒の聖典、すなわち旧約諸文書（三九書）を受け入れ、旧約聖書と命名しています。そこには、後代の人間と先代の人間の間の時間的・歴史的関係が、如実に出現しているというべきでしょう。後七世紀中期の預言者ムハンマドは、前一三世紀モーセと後一世紀イエス、換言すれば先の世に生きた人間を正当に預言者として評価し、認識していました。ところが、キリスト教徒の側は歴史的に後世の人物であるムハンマドの預言者性やその主張を全面的に拒絶しているのです。

ペルシア（現代イラン）のバハ・ウッラーが、一九世紀中半（一八四四年）に開示してくれたイスラム教の信仰世界は、本来アラーの神は平和を最重要視した救いのメッセージを預言者ムハンマドに託して人間世界に派遣したのに、彼の信奉者たちは互いに戦いを始めてしまったという批判のそれでした。しかし、バハ・ウッラーの弟子たち、すなわちバハイ教徒は、現代イラン社会で必ずしも敬愛されている宗教集団ではありません。むしろ、イスラム教徒としては後発グループであるがゆえに、先発イスラム教徒たちから迫害された経験を持つ人々なのです。これに対して、ヒンズー教徒や仏教徒、あるいは儒教思想の信奉者たちは、ヨーロッパ・キリスト教世界を長く支配してきた〝非寛容〟な宗教的世界とまったく疎遠な人々です。

ある時、ユダヤ教徒としてこの時代を生きているある知人が、わたしに向かってこういいました。

「確かに、イエスは偉大なラビ（導師）の一人でしょう。しかし、彼を神と同格に置くことは、わたしからすれば瀆神《とくしん》となるのです」。

また、あるヒンズー教徒の知人は、次のようにわたしに語ってくれました。

「イエスは、確かに神の権化としてきわめて偉大な神的体現者でしょう。けれども、人間である彼を、比較をまったく許容しない超越的存在として説くことは、わたしにいわせればユダヤ的狂信の沙汰に他なりません」。

その一方で、一八世紀のヨーロッパ世界を生きた大多数の啓蒙主義者たちにとって、古代中国の儒教哲学に立脚した国家形態と共同体の形成のあり方は、全幅の信頼を置くに足る宗教思想の役割を果たしていました。もちろん、現代宗教学はわたしたちに明白な宗教と思想の区別や識別を教えてくれています。ヒンズー教や儒教は、もっぱら共同体のあり方を問題にする宗教であり哲学ですし、仏教やヴェーダンタは人間の個人としての救済を中心にした教説を展開しています。他方、ユダヤ教とキリスト教、さらにはイスラム教の場合、彼らの伝統はそれぞれの帰依者（〝神の民〟）のあり方を政治的関連で強く問題にしています。例えば、それはイエスが現実にローマ兵たちによって十字架刑に処せられたという高度な政治的事件を見れば明白です。しかし、仏教の開祖・仏陀の場合、彼には政治的な死などありませんでした。

もっとも、ここでいわれる〝政治的〟とは、包括的な意味を示す言葉ですから、直截《ちょくさい》的解釈は避けなければならないでしょう。生身の人間としてではなく、悔い改めというか、内面の改心なしに神の前には立ちえないとする信仰の論理と同様です。

アジアの知識人たちを見ていますと、彼らの中にヨーロッパ近代の学問に対する無批判的受容と事物の観察における相対主義が浸透しているように、わたしには思われてなりません。しかし、事実は逆の方向に進んでいると見るべきではないでしょうか。すなわち、ヨーロッパや北アメリカ世界の理性偏重の合理主義に対する幻滅は、むしろ今アジア世界の伝統によって治癒され、回復しているといえないでしょうか。二一世紀新時代の到来を告知するのは、こうしたアジアの諸伝統ではないかといった認識です。

当然、これに対する反論もありえます。わたしは、ここでキリスト教神学から提出されている反応に即してこの問題を論じてみようと思います。それは、教会史に見るキリスト教原理主義の再浮上という現象に関してです。この原理主義は、ファンダメンタリズム（根本主義）とも呼ばれていますが、旧・新約聖書を文字通り「神が直接口述された言葉」、すなわち神言として解釈することを要求する立場で、彼らは一途にこの立場に固執しています。あえて、わたしはここでこの立場に立つ人々を擁護する発言をさせていただきます。もっとも、この論評はだからといって彼らがわたしに感謝することは、多分ないでしょう。

まず、人の手で書かれた聖書を、すべて「神の言」だと主張する原理主義は、それ自体として見るかぎり単純素朴な合理主義思想以外の何物でもありません。この原理主義は、例えば比喩説話を比喩として理解しようとはしません。また、この立場は比喩説話を聴く側の人間の柔軟な理解能力の欠如や話し手の所有している知的能力の否定を自らが暴露していることにならざるをえません。

けれども、素朴で実直な信仰者はしばしば不屈な姿勢で愛の業に励もうとします。彼らは、自身の信仰的確信を公的な場で大胆に表明することを辞さない人々でもあるのです。わたしは、今日まで個人的に、いつであれいかなる立場の人とも喜んで対話を行なう姿勢を堅持して歩んできたつもりです。原理主義の信仰的立場にある人々、いわゆる〝福音派キリスト者たち〟とも、わたしはいつも敬愛と互恵の精神に立つ共働を願ってきました。バーゼル市で開催された全ヨーロッパ・キリスト教・エキュメニカル国際会議の席上でもそうでした。共働でなされる実際的業務は、神学的な一致を必ずしも必要としておりません。むしろ、そうした実際的な共同作業が、関係者をして相手の立場を互いに理解し合い、それを通して相手が保持する神学的立場への理解と接近が可能になるのではないでしょうか。

なるほど、キリスト教神学の歴史からすればこの原理主義的聖書・信仰理解の問題は、すでに遠い昔に乗り越えられてきたテーマであるといってよいかもしれません。しかし、わたしには未解決の残滓《ざんし》がわたしたちの前に提出されているのではないか――そういう思いを断ち切れません。確かに、それは実に扱いにくい領域の問題です。例えば、それはキリスト者がキリスト教以外の伝統的諸宗教（仏教・ヒンズー教・イスラム教など）と出会う際に登場してくる問題で、そうした伝統ある諸宗教に対する自分の不安心理として出現してくるケースが多いのです。他宗教の世界に触れ、信仰上の真理をめぐる対話を積極的に試みる行為に対する心理的恐怖感が、それです。こうした不安心理を払拭する上で、最も頻繁に使われる言葉は、恐らく〝宗教混淆《こんこう》を警戒せよ！〟ではないでしょうか。キリスト教の擁護という立場から考えるならば、ある程度これは納得のいく発言なのかもしれません。

いずれの宗教を見ても、そこに展開されている内容は決して同じではありませんし、それを無批判に日常生活の中に持ち込み、混淆させるのはあまりにも危険です。いま、わたしは日常生活と申しましたが、共同体の文化の姿はまさに多種多様、そして可視的な表現でそこに立ち現れてくるものです。しかも、豊かな多様性を内に秘めた文化は、宗教によって担われます。文化の担い手は、宗教なのです。人間にとって、自分の日常生活は他の何物にも代え難いほどに重たいものです。日常生活の集積が、文化を創造するわけですが、その可視的形態はそれぞれの宗教によって大きく異なります。

各宗教が、互いに一致の次元に到達するのは、それら宗教の内部倫理、あるいはそれらの瞑想的・神秘的な経験が最高の段階に達する時に可能となるはずです。同時に、あらゆる宗教はそれぞれ最高の段階における経験や、その人間世界、日常生活との関連をいかに理性的合理主義の言葉によって説明するかに相違と独自色を明らかにしているものです。この領域は、わたし自身がハンブルク大学で一二年間哲学教師をしていたという個人的経験抜きに語ることができません。ヨーロッパ哲学を語る時に、もしわたしたちが古代ギリシアの偉大な二人の哲学者たち、すなわちプラトンとアリストテレスを無視するとしたら、それはもはや哲学を論じることにはならないでしょう。そんな暴挙をすれば、哲学的真理の探究という営為は根底から崩壊してしまうはずです。しかし、反対に二人の哲学を共通のテーマとして論じてみようとの試みに挑戦する人がいるとすれば、それが誰であれ、成功した暁にはきっと斬新で独創的な哲学の創造へ導かれていくことでしょう。神学の場合も、事情は哲学と同じです。神学史上の卓越した思想と出会うことによって、わたしたちはまったく新しい認識へと導かれることがあるのです。

キリスト教神学は、すでにその草創期においてそうした出会いの経験を二つの宗教思想との間に保持しています。その第一は、まだなおヘブライ語で語っていた初代キリスト教徒たちの信仰との出会いです。第二に、ギリシア哲学といういわば〝教養宗教〟が挙げられるでしょう。すでに言及したことですが、〝善と悪〟の明確な識別は人類に贈与されたユダヤ民族の宗教世界から生み出されました。同時に、わたしたちに〝真と偽〟の明瞭な区別を教えてくれたのは、ヨーロッパ哲学の揺籃の地である古代ギリシアの知性的宗教であると申してもよいはずです。こうした事実は誰であれ、例えばキリスト教神学の研鑽に使用される古典テキストを一頁でも開いてみるならば、そこで直ちにこれら二世界の豊穣な宗教遺産と出会うことが許されるはずです。人類史に対する亜大陸インドの貢献も、やはり無視できません。古代インドの宗教思想は、ヨーロッパ哲学史においては新プラトン主義の中に具体的に存在していると考えられます。すなわち、根源的な〝一者〟概念で、これは互いに対立関係に立つ実体の止揚を意味し、アドゥヴァイタ（不二または一性）の経験として一般的に理解されています。

最後に、わたしは今皆さまに課題、しかも未解決の諸課題を提出いたしました。むしろ、本日の講演全体がいまだ解決を見ていない多くの問題提起に終始した内容であったと申してよいのかもしれません。しかし、これが現在のわたしの限界で、それを超えたお話は、今のわたしには不可能だからです。本日の講演を終えるにあたり、他の場所や機会にもしばしば引き合いに出してきたあるエピソードを、ここで再度紹介させていただこうと思います。この逸話は、本日の講演のテーマに関連するであろうと同時に、ご当地バーゼルが輩出した〝偉大な精神〟（Genius loci）とも深く関係しているものです。

一九五〇年代初頭、確か一九五一年か翌年のことだったと記憶しているのですが、わたしは二〇世紀最大の神学者と称賛されているカール・バルト教授と一場の対話をする機会に恵まれました。かなり長い時間におよぶ二人の対話の中で、わたしは彼に向かって次のような問いかけをいたしました。

「わたしは、物理学者です。物理学は、わたしにとって最も心惹《ひ》かれる学問領域です。しかし、その物理学の歴史を回顧してみますと、ガリレオ・ガリレイから原子爆弾の開発と投下まで、わずか三〇〇年しか経過していません。こうした物理学の歴史と現代の状況を思うたびに、わたしは一人のキリスト者として、真剣に自問自答せざるをえないのです。はたして、わたしはこのまま今後も物理学の研究を継続していってよいのだろうか、継続していくことがなお許されているのだろうか、と。バルト先生は、いかがお考えでしょうか」。

バルト教授は、間髪を入れずわたしにこう語りかけてこられました。

「そうですね、もしあなたが、〝キリストの再臨〟、すなわちこの地上にキリストが再び来臨されるということ、ほとんどすべてのキリスト者が内心ではこれを信じてはいないのですが、それを心から受容できるのであれば、あなたは心安んじてこれからも物理学の研鑽に従事されたらいかがでしょうか。しかし、もしあなたがこのことに疑念を抱いておられるのであれば、物理学の研究を即座に中止されることをわたしはお勧めしますね。いえ、あなたは直ちに物理学研究を中止すべきでしょう」。

バルト教授との長い対話を終えてから、わたしにとって物理学は以前にもまして、熱心に打ち込める研究の中心に場所を獲得するに至りました。対話の中で、彼はわたしの問いかけに直裁的にではなく、もしくは「いいえ！」で答えず、一つの比喩形式によって回答を試みておられました。もちろん、そのことはわたしにもすぐ分かりました。彼も、それを知りつつ、意識的に比喩を使用されたはずです。そして、彼が〝キリスト再臨〟（新約聖書）を比喩的に語る時、当然彼自身がその歴史的・具体的現実を直接目撃していたわけではありません。けれども、わたしがバルトのそうした比喩説話を、信頼を持って受け入れ、同時に神学者・キリスト者であるカール・バルトという人間を深く信頼していたのは、いうまでもありません。

（スイス・バーゼル大学名誉神学博士号授与記念学術講演、一九八九年一二月）

第5章　現代ヨーロッパ共生文化論——自立のための支援

この論題に、むしろわたしは〝切なる呼びかけ〟という題をつけたいほどです。ただ一つの目的を持って執筆されました。その目的とは、東ヨーロッパ共産主義社会全域に対する経済的・財政的支援を可能なかぎり早急に開始することへの訴え、それを催促し要求することにあります。この行動は、ヨーロッパ大陸や北アメリカにある自由主義諸国、換言すれば西側諸国にとって、単なる道徳上の義務であるに留まりません。それは、実態経済から考えてもきわめて〝健全な経済的利益〟に合致しているのです。そして、その支援は今や崩壊しつつある東側社会主義諸国の現体制の温存に向けられるものではなく、各国の国情や規模に応じた柔軟、かつ実質的なものでなければならないでしょう。

それゆえ、この経済的・財政的援助は、第二次世界大戦終結後一九四八年から一九五二年にかけて廃墟と荒廃のど真ん中にあった大陸ヨーロッパの復興と再建を支援するために、アメリカ合衆国政府（外相ジョージ・マーシャルの提唱）によって計画され展開された、いわゆる〝マーシャル・プラン〟（正式には、「ヨーロッパ復興支援計画」）に匹敵する規模を前提とする企画でなければならないでしょう。

さて、この論稿は一ドイツ人の手によって、しかもこのドイツの地で執筆されたものです。そして、ご存知のように、ここ数週間わたしたちドイツ人の間では母国統一に対する願いと希望がひときわ強く全面に出てきました。それは昨年（一九八九年）一一月、東ベルリンで起きた東西分断の壁崩壊に象徴される悲願のドイツ再統一です。けれども、わたし個人はこのドイツ再統一はヨーロッパ全域の新しい、平和に満ち溢《あふ》れた統合化促進の一部として位置づけられる悲願であり、希望でなければならないと確信する者です。ヨーロッパの統合・一体化と東西ドイツの再統一は、まさに同時進行のかたちで実現されなければなりません。そうした枠組みの中で、わたしたちの前に緊急な課題が初めて登場してきます。それが、ヨーロッパ大陸の東側地域で今もなお進行している経済の崩壊に歯止めをかけ、その再生と復興に貢献するという大きな課題です。

ヨーロッパ大陸の平和と安定は、西側諸国がこうした課題を真に担い切る覚悟があるか否かにかかっているというべきでしょう。そして、この課題の遂行は決して不可能ではないはずです。ただし、そこには二つの前提、もしくは条件があるとわたしは考えています。第一に、西側諸国は公正な利害関係を自ら追求すると同時に、東側諸国に対する支援の絶対的必要性を明確に認識すべきだという点があります。第二として、西側自由主義諸国は自国の経済力に即した、同時に自分たちにとっても有意義な経済的・財政的支援を現実的に実行に移すべきだという点です。当然、支援を受ける側、すなわち東ヨーロッパ地域の国々も西側の援助が具体的な結実をもたらすに足る新しい経済システムを創造する準備を即刻開始すべきでしょう。

わたしは、こうした支援の実施にあたり、先に触れたアメリカのあのマーシャル・プランを思い起こさざるをえません。当時、アメリカ政府は西側諸国再建のために総額一三〇億ドルの援助を申し出、スペインを除くすべての国々に四年間継続し、投入してくれました。この金額は、アメリカ国民の国内総生産（ＧＤＰ）の八パーセントに相当する規模でした。ドイツ・マルク（ＤＭ）に換算して考えるならば、それはおよそ一七〇〇万マルクに匹敵する金額になります。当然ながら、この援助は西ヨーロッパ諸国の自主努力が大前提とされていました。また、この援助金額それ自体は、壊滅状態の中にあった戦後ヨーロッパの復興と再建を全面的に可能とするほど巨額の規模ではありませんでした。けれども、この援助は西側自由主義諸国が機能可能な経済システムを新たに生み出し、そのもとで戦後の再建と復興を本格的に開始する契機には十分なったのです。そこから、大陸諸国の中に民主主義と公平性を具備した市場経済システムの定着に対する勇気が生じてきました。アメリカ政府による支援の意図も、本来そこにあったはずです。

経済の安定は、同時に政治の安定を生み出すものです。アメリカ合衆国と被援助諸国の間でも、この後国際関係は徐々に良好な方向へ変化していきました。そうした意味において、アメリカによるこのマーシャル・プランは単に被援助国にとって現実的・緊急な関心事であっただけではなく、アメリカ政府にとっても資本主義的経済体制下における〝健全な利潤〟追求とその展開という観点からも、きわめて重要な政策であったのです。合衆国政府は、当初ソ連をも含めた東ヨーロッパ社会主義諸国全体を援助対象としていました。しかし、この申し出は当時スターリンの覇権主義的拒絶を受け、ワルシャワ条約機構（一九五五年創設）に加盟したすべての〝同盟国〟が、彼の命令下、最終的に援助受け入れを拒否する事態へと推移していったのです。

援助の構造が、一九九〇年の現在と一九四八年とでは基本的に異なるというのは、あえて指摘するまでもないでしょう。しかし、援助をめぐる具体的な展開に関してわたしたちは過去から多くの教訓を得るべきです。何よりも、あの時代の援助はそれを受ける国々全域に公平・透明なかたちで投入された点に注目すべきです。その結果、端的な事例が当時の西ドイツで実証されたのですが、自由主義原理に立脚した市場経済システム構築の積極果敢な努力にあたって、アメリカのマーシャル・プランは大変有効に機能したのでした。

わたしたちが、もしそこから歴史の教訓として学ぶものがあるとするならば、それは第二次世界大戦後数十年間、国家主導の計画経済体制のもとで結果的に現在の崩壊を招いている東側共産主義諸国の再建と復興、とりわけ自由主義市場経済体制への転換とその努力です。その際、何よりもまず支援の具体的構造に関して援助申し出国と受け入れ国双方の間に、個別領域に至るまで緊密な連携と信頼の関係が成立しなければなりません。言葉を換えていうならば、援助の条件は決して一律であってはならない、それぞれの国情に応じて個別に設定される必要があるということです。

そこで、わたしは以下の論述において、三つの個別テーマ、すなわちドイツ、ヨーロッパ、そしてソ連邦の三領域に関して原則的援助論を展開してみようと思います。その際、必要とされる援助の金額についても多少具体的な数字を挙げ、いわば推計金額を提示するかたちで論じてみたいと思うのです。これら三テーマの中では、ソ連論、すなわち現時点でわたしたちがこの国をどのように位置づけ、未来展望をするかという課題が、最も重要な、しかし同時に最も困難な作業であることはいうまでもないでしょう。しかし、わたしはあえてこの問題にも踏み込んで考察を試みたいのです。

(1) ドイツの再統一と東西の一体化

ドイツ民主共和国（DDR）は、現時点に立って考察するかぎり東ヨーロッパ社会主義圏の国々の中では、経済領域で最大の危機的崩壊を体験している国家だといってよいでしょう。しかし、同時にここ数年という時間幅で見るならば、東ドイツは経済的再建と復興に関して最も良質な展望を可能にする国家であると予測しても構わないでしょう。

危機的現実と楽観的未来――この両者は、東ドイツが西ドイツ、すなわちドイツ連邦共和国（BRD）に対してどれほど広く門戸を開くかによって明暗が分かれるはずです。ベルリンの壁崩壊後、東西ドイツ国民の間では国家の再統一が共通の重要な関心事になっています。それは民族一体化への願望と表裏一体をなしています。ただ、現在の社会現象を見ると、西ドイツ側へ門戸を開くことにより、経済活動における最重要な要素である労働力が依然として東から西へ流出しています。これは、東ドイツから労働力を奪い取る現象に他なりません。この現実は、ドイツ国民の政治的・民族的一体化が決して一筋縄ではいかない、きわめて困難な課題である事実を物語るのではないでしょうか。

まさに、ドイツの再統一成就や民族的一体化の実現のためには、東西ドイツが政治的にその現実的形態やその時期に関して話し合いを開始することと並んで、崩壊の危機にある東ドイツの再建に対して、西ドイツ側が現在保有している経済的・財政的資源のすべてを喜んで捧げるという明白な意思が要求されるのです。幸いなことに、東ドイツの大多数の市民たちは西ドイツによるこうした援助計画を支持し、実効性を高めるために国家統制経済ではなく、社会的公平性を備えた自由競争の原理に立つ市場経済を受容する意志を表明しているのです。政治的統一をめぐる形態論議やその道筋論も、もちろん本質的に重要でしょう。しかし、それはこの論稿の中心的なテーマではありませんし、「自立と援助」を論じていくここで、そこにまで入っていく必要もないでしょう。

政治の動向によって、東側同胞に対する西ドイツの拠出経費の多寡が左右されることなど決してあってはならないからです。たとえ、今後その負担額に予測以上の増加が見られるとしても、です。むしろ、拠出援助の総額は東ドイツ社会の経済的・財政的現実、そのリアルな状況によって決定されるべきでしょう。これは、政治の動向を超越した現実的課題なのです。

東ドイツの復興のために西ドイツ官民が担う経費の金額を正確に算出することは、まだ困難でしょう。しばらく前に西ドイツの雑誌『週間経済』（一九九〇年一二月一日、第三号）が、現下の東ドイツ経済の水準を、西ドイツのそれ並みに上昇させるために必要とされる諸経費の見積もり額を発表しました。それによると、民間企業など非政府系組織が調達・投資すべき金額は、およそ八九〇〇億マルクになるであろう、また社会の基幹産業基盤、すなわちインフラ整備など政府を中心とした公共団体による投資は、およそ三五〇〇億マルクになるであろうという試算でした。このうち、環境保全政策の推進のために約一五〇〇億マルク、主要な交通網整備と住宅建設に一〇〇〇億マルクがそれぞれ投入される必要があるというのです。ただし、この経済誌では援助資金の必要投入期間についての言及は、ありませんでした。仮に、その支援期間を一〇年に設定するとするならば、公共・民間あわせて毎年三五億マルクの投入が算定されますし、期間を五年間とするならば、七五億マルクが毎年計上されるはずです。

「自立のための経済支援」が持つ本来の主旨がどこにあるかといえば、それは被援助国が再建のために必要とする援助資金を最初の数年間外部、東ドイツの場合その大半が西ドイツから提供されるのですが、すなわち政府などの公的機関から受けながら、インフラ整備などにそれを直接投入する一方で、民間ベースの投資を国家による一定のリスク保障を得ながら展開していく点にあるというべきです。その後に、初めて当該国の自立や自助がどの程度進展したか、換言すれば再建と復興に対する自己負担の道筋と規模が明らかになってくるはずです。

しかし、今後どのような局面が出現してくるにしても、西ドイツ社会は官民共に東ドイツ社会の復興のために、経済・財政面での経費負担を出し惜しんではならないでしょう。先に触れた『週間経済』誌の算定によれば、東ドイツ地域の不十分な住宅建設が原因で西ドイツへ移り住むことを余儀なくされた人々、一時的失業者たちの受け入れのために投入される経費総額は、住宅建設を効率よく推進する上で要求される経費全体を大幅に上回るであろうというのです。

これまで見てきたように、東ドイツ社会は現在再建と復興の絶対的必要性に直面しています。これは多言を要しない現実です。しかし、だからといってわたしたちはそこに悲観論を持ち込むべきではありません。その反対に、わたしたちにはそこで真の楽観論を提示できる根拠が明白に存在しています。この東ドイツ地域にもいずれ導入されるであろう自由主義市場経済システムのもとで、必ずやその市民たちは自立と自助の潜在能力を発揮してくれるでしょう。その可能性を疑心暗鬼する理由など、まったくありません。他方、西ドイツは現代ヨーロッパ諸国の中で特に経済面において最強の潜在的能力を保持する国として理解されています。しかし、そうであればあるほど、この国は同胞東ドイツに対してそこの人々が必要とする支援や協力を全力を挙げて展開すべきです。そうしなければ、西ドイツ官民はヨーロッパ世界で〝お笑い者〟になってしまうでしょう。

将来ありうる東西ドイツの経済一体化のための真の条件は、今後統一ドイツが一方で活気に満ちた、他の国々をも支援可能な経済状態を創出しながら、他方率先して自国をヨーロッパ大陸の統合化・一体化の方向へ向けていくところにあるといってよいはずです。

(2) 一九九〇年代ヨーロッパの課題と展望

ベルリンの壁崩壊以後、ヨーロッパ大陸の国々、ただし当面ここではワルシャワ条約機構加盟の共産主義諸国は除外して考えたいのですが、すべてのヨーロッパ諸国にとって最大の関心事は、社会的公正性を可能なかぎり備えた自由主義市場経済体制を、いっそう堅固なものにしていく努力にあるのではないでしょうか。そして、この認識はヨーロッパ連合（EU）加盟諸国も同様に保持しているはずです。それを前提にして初めて、崩壊しつつある東ヨーロッパ諸国の再建に対する、可能なかぎり規模を拡大した援助活動が開始されるはずです。大陸ヨーロッパの今後数十年間における政治の安定は、まさにこれら社会主義諸国の経済的回復如何にかかっているのです。同時に、この政治的安定化の成否は、政治領域のみならず、一般社会における平和の実現を決定する重要な要素でしょう。「壁」崩壊から一週間後、すなわち一九八九年一一月一七日付『ツァイト』誌に、西ドイツ前首相ヘルムート・シュミットがマリオン・デンホフと連名で、東ヨーロッパ諸国の自助努力に対する西側の援助総額を独自に算出した論文を発表しました。

注目に値するのは、彼がその時点ですでに必要経費の総額を相当多く予測していたという点です。その理由も明白です。シュミットは、最初からヨーロッパ共同体（EC）を援助団体に編入して考えていたのです。同時に、彼は援助を受ける国々が提供される援助資金を、有効に運用可能な市場経済システムを十分確立するであろうと確信していました。その際、彼の念頭にあったのはハンガリー、ポーランド、現状はともかく遠くない将来における東ドイツ、そしてチェコスロヴァキアといった社会主義諸国でした。そして、これらの国々を対象とした経済・金融支援「投資銀行」が新たに設立され、この機構が今後運用と管理の全責任を負うというわけです。さらには、彼の理解によれば、ヨーロッパ共同体がこの投資銀行とは別途に一定の投資金額を準備し、当該諸国の必要に応じて援助活動を展開する立場に身を置きます。わたしが判断するかぎり、シュミットたちのこの認識と原案提示に対して、異議申し立てをする人は恐らくだれ一人いないはずです。原則論としては、異論を差し挟む余地など皆無です。

しかし、より本質的な認識はヨーロッパ全域をめぐるこうした活動の活発な展開が、ドイツ国内の活動と深く、そして不可避的に連動してくるという事実です。いや重要な活動の展開においては、他のヨーロッパ諸国と東西ドイツは完全に一体化した活動を展開すべきなのです。そうした現実を正しく認識することが大切なのではないでしょうか。もし、この判断が正しいとするならば、西ドイツの官民が、東ドイツ国民〝同胞〟の支援こそ急務だという〝国内問題〟を優先させることによって、現在のヨーロッパ共同体の中で自分に課せられた当然の責務（ノブレス・オブリージュ）や担うべき責任をないがしろにするならば、それはドイツにとって文字通り自殺行為であり、いずれわが身に危険を招来させることを意味するはずです。しかし、同時にそれは今西ドイツが〝国内問題〟を無視し、同胞の東ドイツに対して何の支援も協力も行なわないことを意味するものではありません。必要な援助や支援は、ドイツの東側地域に対しても、東ヨーロッパの他の国々とまったく同じ原則と形態のもとで、積極的に推進されなければならないでしょう。

今後、西側ヨーロッパ諸国のさまざまな組織や団体、例えばヨーロッパ企業連合といった民間組織が東ドイツ地域の援助活動を担うことも十分ありうるのです。わたしは、このことの持つ意味はきわめて大きいと考えます。東ドイツの再建と復興が、西側自由主義諸国の官民協力によって展開されていく——これは、大陸ヨーロッパが全体として一体化され、成長することを意味します。具体的第一歩がそこから開始されるのです。同時に、こうした援助活動の実行は、ドイツの近隣諸国や国民の中に今もなお存在する東西ドイツに対する不安心理、警戒心を解消していく絶好の機会になるはずです。

きっと、すべてが遅滞なく開始され、進行していくことでしょう。わたしは、ヨーロッパ人がそうした力を所有していると確信しています。こうした努力の先に、ソ連邦との間に誠実な信頼関係を構築するという課題がわたしたちを待ち受けているのです。そして、この課題はヨーロッパ世界全体の安定にとってきわめて本質的な条件であると考えるべきでしょう。

(3) ソ連の将来とヨーロッパ

今後、現代ヨーロッパの政治、そして経済政策を展望していく上で、ソ連を正しくヨーロッパ世界の中に導き入れることは、「壁」崩壊以降の現代ヨーロッパ史において最も重要な、しかし同時に最も困難な課題です。わたしがなぜそう考えるかといえば、一九八五年以降ゴルバチョフに代表されるソ連共産党の指導層は、かつてスターリンが否定し、次いでブルジネフが棄却した政治的・歴史的認識を、まったく新たに復活させそこに正当な場所を確保しようとしたからです。前任者たちと異なり、ゴルバチョフは次のような現実認識に達したのです。すなわち、少なくともこの近い将来を見渡すかぎり現在の資本主義体制は、政治的にも歴史的にも消滅することはありえない。他方、社会主義国のソ連では、共産党の権力構造や国家統制経済推進の過程で固定化した官僚（テクノラート）体制が、経済と社会の進展を阻害する因子になってしまった。

その結果、ソ連はいつの間にかグローバル化した世界経済の競争力に敗北し、政治・経済の領域における全面崩壊という危機に見舞われている。こうした時代認識を表明したゴルバチョフ政権が、国内で筆舌に尽くしがたいほど困難な立場に追いこまれたことは、わたしたちにも十分想像できる事態です。なぜなら、そこでは共産党や官僚たちにとってこれまで自らの意思を強力に発動し、貫徹できた最後の砦《とりで》、すなわち国家という機構そのものが変革の対象にされたからです。この大変革（ペレストロイカ）の事態を、わたしは以下、経済分野における具体的事例に即して考察してみたいと思います。

七〇年を超える長い歳月の間、外界と全的に遮断された閉鎖的経済システムのもとに生きてきたソ連社会の労働者たちは、従順と秩序の中で労働に励んできたといわれています。しかし、実際のところそれは〝上（当局）からの報復〟を恐れた結果としての恭順であり、いわば面従腹背的な勤勉だったのです。では、経済のグローバル化によって、こうした心理的〝恐怖感〟が除去されてしまった時、労働者たちはどのような行動に出るものなのでしょうか。恐らく、そこで強制ではない自発的な市場経済の原理、すなわち自由と勤勉が直接彼ら自身の未来を開拓するのだという新しい労働観が彼らに紹介されないかぎり、ソ連社会の労働業績や日常生活の物質的水準は、以前のまま停滞を続けるしかないでしょう。いや、悪化することさえありえます。それゆえにこそ、ゴルバチョフ大統領が決断し選び取った一連の改革運動が、首尾よく展開していくか否かは決定的に重要です。ヨーロッパの平和、いやその未来は、まさにここにかかっているというべきでしょう。

そうした意味合いで、わたしたちはあらためて想起すべきです。すなわち、ワルシャワ条約機構加盟国であった東ヨーロッパ社会主義六ヶ国（冒頭で紹介済み）で成し遂げられた民主化・自由革命は、その経緯を事前にゴルバチョフ大統領が知りつつも、強い忍耐と共に最後まで〝黙認〟を続けてきたからこそ実現したという歴史的真実の想起です。当然、彼にはあのハンガリー動乱や〝プラハの春〟の時と同様に、ワルシャワ条約軍を出動させ改革運動を鎮圧することも可能だったのです。しかしながら、ゴルバチョフはその決断をせず、出動命令も下しませんでした。

さらに、もう一点注目すべき事実があります。それら六ヶ国における民主革命の成功が、その後ソ連邦を構成する一五共和国とその国民の中に、あらためて民族自決主義を蘇生させた、あるいは新しくナショナリズムの感覚を呼び起こしたという点です。

主権国家・民族自決ナショナリズムの思想に依拠して、この二〇世紀の一〇〇年間ヨーロッパ大陸以外の諸大陸、すなわちアジアやアフリカ、あるいはラテン・アメリカなどに存在した被植民諸国・諸地域は、ほとんどすべて国家的・地域的独立と自由・主権回復に成功しました。けれども、そうした二〇世紀の歴史的現実の中で唯一、帝政ロシア時代を含めた帝国ロシアだけが、今もなお一二植民地共和国を支配しているのです。二〇世紀唯一の植民国家が、他ならぬソ連であったわけです。もちろん、わたしはその責任がクレムリンの共産党指導部だけにあるなどというつもりはまったくありません。しかしながら、大国ロシアによる他の一四共和国の専制支配という植民地的現実は、現在のモスクワ指導層にとっても率先解決すべき第一義的課題であるはずです。いえ、すでに彼らもこの不可避の課題と正面から向き合っているはずです。

地政学的な見地に立つと、ウラル山脈以東のロシア大陸は文字通りの大国です。その国土は、レニングラードからウラジオストックにまで達しています。しかし、もし今後もこの複数・多民族国家がもっとゆるやかな〝独立主権国家連合〟(Commonwealth)へ転換していくことが可能であるならば、この巨大な帝国はロシア民族から構成される単一民族国家として、むしろ今日まで苦闘してきた多くの難問から解き放たれるのではないでしょうか。もし、モスクワの指導層がこの大転換を受け入れる用意があるのであれば、そこに少なくとも国内経済政策の成功という女神の祝福がもたらされるのは間違いありません。こう考えてきますと、ヨーロッパ大陸とロシア大陸、これら二大陸によって醸成されるべき平和の秩序は、他のいかなる国でもないこのロシアの経済的成長と繁栄の有無にすべてかかっているといっても過言ではありません。

アメリカ合衆国の二政治家、すなわちブッシュ現大統領とレーガン元大統領は、アメリカにとってもソ連との平和関係の存続がいかに重要な案件であるかを熟知しています。それと同時に、彼らはそうした関係の構築の困難さと可能性についてアメリカとしての認識を語っています。その点は、わたしたちヨーロッパ人も同様です。ヨーロッパ大陸にとって、ソ連との間に対等な国際的連携を構築することは、きわめて本質的課題です。これは、多言を要しない認識だというべきでしょう。それは、またドイツにとっても同様です。例えば、北大西洋条約機構とワルシャワ条約機構が敵対する関係にではなく、反対に平和的な共存関係にあってこそ、東西ドイツの統合化や、民族の一体化を平和と安定の中で初めて実現させることができるのです。だからこそ、今後ソ連における経済の安定化の動向・有無が、わたしたち西側諸国のすべての人間にとって重大な関心事にならざるをえないわけです。その際、ソ連経済が十分〝健康的〟でなくてもそれほど深刻ではありません。何の危険もないでしょう。しかし、それが今や〝死を招きかねないほどの重症だ〟という事態は放置できません。これは危険きわまりない重篤な症状です。その前に、何らかの対応措置が講じられなければなりません。すでに、西ドイツ政府は、きわめて限定された規模とはいえソ連国民の日常食生活への支援として、総額二億マルクに相当する食糧用家畜肉をモスクワに向け提供しています。こうした支援は、今後も幅広く展開される必要があります。

同時に、わたしたちは、現代ソ連における生活必需品確保の問題が、ただ単に彼らの生産能力の低さに起因するのではないという事実を知っておくべきでしょう。能力の有無や生産の大小が原因などではありません。物資運送やその分配業務における遅延や停滞が、根本的問題なのです。

こうした経済上の構造転換や改善に対する支援・協力という点で、西側自由主義諸国がつねに銘心すべき事柄があります。それはソ連に対して、いかなる条件も要求してはならないということです。すなわち、西側諸国はソ連指導層に対して、市場経済への道筋を提示するとか、市場経済システム以外の可能性を一切認めないといった恣意的条件を設定してはなりません。この問題は、あくまでもソ連自体が選択すべき問題です。すべて彼ら自身が決断すべき事柄なのです。

とはいえ、西側諸国にとって考えられる選択の道もあります。それは、例えばソ連と共同で具体的な課題を遂行する道の選択です。あるいは、それに連動して何らかの財政上の支援活動を開始する道もありうるでしょう。さらには、これらと連動させながら、より規模の大きい共同プロジェクトを立ち上げ、展開することも許されるはずです。その最大規模の共同プロジェクトの推進は、一言で軍縮の共同推進のそれです。通常兵器と平常軍の削減、あるいはそれらを最小限、攻撃的武器から専守防衛上の武器に限定していく共同作業は、すでにそれ自体で平和的共存に大きく前進することであり、一大貢献になるはずです。これは、平和の積極的創造というよりも、平和維持についての貴重な証言という意味を持つ行為でしょう。しかし、この行為はソ連と西側諸国との具体的な連携作業という点で大きな比重を占めるはずです。

軍備拡張政策に投じる経費が削減され、あるいは節約されていけば、すでにそれだけで経済活動は活発化していくはずです。この点の認識は、ゴルバチョフをはじめとする現代ソ連の指導層も十分心得ているはずです。ここから、ソ連と西側諸国間の大規模な共同プロジェクトがより加速され、展開されていくでしょう。ただし、その実際上の推進にあたって、西側諸国がソ連の国内・内政問題には一切干渉しないという自己抑制に徹した態度が求められるのは、いうまでもありません。しかし、わたしたちに残された時間はそれほど潤沢ではありません。決断の時は切迫しています。

（ドイツ国内での講演、一九九〇年二月）

第6章　和解と連帯——韓国・ソウルにて

この論稿は、大韓民国の首都ソウルで執筆されました。本部をスイスのジュネーヴに置くプロテスタント系キリスト教団体「世界教会会議」（WCC）の呼びかけによって開催された世界会議の閉幕直後に現地で起草され、帰国後『南ドイツ新聞』の求めにより発表した文章です。この世界会議における全体主題は、「社会正義・平和・創造の保持」でした。この集いは、究極の目標達成にはまだ程遠いとはいえ、全世界のキリスト教グループの一致と和解を目指して一つの大きな前進を示したエキュメニカルな世界会議になりました。

実は、こうした超教派のキリスト教系国際会議には〝先輩〟がいました。一九八九年春（「聖霊降臨節」の記念日）にスイス・バーゼル市で開催された「全ヨーロッパ・キリスト教・エキュメニカル国際会議」がそれです。ここで掲げられた総合テーマは、「社会正義の中に、平和の創造を！」でした。この集会は、ヨーロッパ・カトリック司教団と全ヨーロッパ国際会議（カトリック教会を除く）の呼びかけのもとで開催された超教派の国際会議です。この会議は、参加者全員にとって非常に貴重な経験となりました。わたし個人に即して考えても、この会議への参加はわたしの生涯に決定的な体験として残りました。

バーゼルで採択された大会合意文書は、大変読み応えのある内容になっています。とはいえ、直接この会議に出席した人間がそこで味わったすべての感動と比較すれば、その合意文書はこの世界会議のほんの一部を報告しているに過ぎません。直接体験したすべてがそこに網羅されているわけではないからです。

ヨーロッパ大陸全域からのキリスト者が、バーゼルの地でヨーロッパ世界が今抱えている難問を共に解決するために、この会議に参加し、教会間で、集会、合同礼拝、祈り、あるいは相互の対話を介して共通の時間を過ごしたわけです。教派や信条を超えたこの種のエキュメニカル会議は、ヨーロッパ・キリスト教史を回顧しても過去数百年の間、一度も開催されなかったのです。わたしたちは、バーゼルで過剰な情熱に支配されることもなく、あるいは不必要な激怒を表明することもなく、祝福に満たされた豊穣な時間を共に過ごしました。その上、開催地のバーゼル市当局がヨーロッパ全域から駆けつけたわたしたちのために、歓迎の祝宴を準備してくれていたのです。また、ヨーロッパのみならず、世界各国から実に多くの市民たち、とりわけ若者たちがこの集いに参加してくれました。

このバーゼルに続くキリスト教の世界的集会が、今回東アジアの大韓民国でソウル会議として開催されたわけです。これは、冒頭で言及した通りジュネーヴに本部を置く世界教会会議が主催団体となって、世界各国に呼びかけ開催されたキリスト教系国際会議です。しかも、このプロテスタント系世界会議の場に、オブザーバー、またアドバイザーの立場でイタリアのローマに総本部を置くバチカン・ローマ・カトリック教会も参加してくれたのです。文字通り、参加者は世界七大陸から参集したすべての人々によって構成されていました。さらに、この会議にはキリスト教以外の世界諸宗教の代表者たちが来賓として招かれておりました。世界の諸宗教と出会い、彼らと真摯《しんし》な対話を開始することは、現代を生きるキリスト者にとってきわめて本質的な課題であり、現実であると理解されたからです。

しかし、このソウル大会は決して一場の〝ギャンブル的〟成功をもくろんだ集会ではありませんでした。むしろ、こうした地域的・文化的・宗教的空間に集うことそれ自体を通して、キリスト者が真に新しい、必要とされる経験を分かち合うことこそ、こうした集いの主眼であったのです。そこから、分断的状況のもとにあるこの時代のキリスト教グループが、和解と一致に向けた第一歩を踏み出すことが可能となるはずです。ソウル会議は、和解と一致を目指したキリスト者の世界的集会だったということです。

そのこととの関連で、今回わたしにはとりわけ象徴的に感じられた点があります。わたしたちの会議場は、一九八八年にこのソウルで開催された世界オリンピック競技大会で試合会場として用いられたある場所、すなわち重量挙げヘビー級選手権大会の会場でした。国際スポーツ競技大会で使用された会場で、わたしたちキリスト教徒の国際会議が開催されたのです。当時、ソウル特別市はすでに人口一〇〇〇万を超す市民が居住する大都会になっていました。同時に、わたしたちの会議場のすぐ近くには超近代的な建築物、韓国軍兵舎が棟を連ねて建立されていたのです。これも、現代世界の厳しい現実を物語る光景でした。

会議の期間中、わたしたちの間ではお互いの意思疎通をよりよくするために、一種の〝合言葉〟が考案されたほどです。というのも、ここに集まって来た人間やグループがそれぞれ驚くほど多種多様な背景と経験を所有していたので、こうしたアイディアの開発がどうしても必要になったからです。

会議を通して、わたしが特に深く感動したのは、会議終了時にユダヤ教徒、キリスト教徒、そしてパレスチナ地域から出席していたイスラム教徒、三宗教の参加者たちによって、「共同声明文」が内外に向け発表されたことです。共同声明の根底にあったのは、それぞれがいかにしてそれぞれの国と地域における平和共存を促進していくかに関する認識の共有でした。

他方、会場を提供してくれた韓国のキリスト者たちは、参加者に本当に素晴らしいもてなしをしてくれました。彼らから教示されるものが、多々ありました。しかし、この大会で最大のテーマになったのは、南側発展途上諸国から参加した代表者たちが噴出させた抑え難い義憤のこもった発言でした。彼らの怒りは、北側先進工業諸国、そして彼らの豊かな社会による独占的経済支配に向けられたものでした。ヨーロッパ大陸、そしてアメリカ大陸北部（カナダとアメリカ合衆国）には、次のようなまことしやかな神話がささやかれているのです。すなわち、現代社会主義、あるいは二〇世紀共産主義はもはや終焉《しゅうえん》を迎えている。コミュニズムは、すでに現代世界から消滅しつつある――社会主義消滅論をめぐる北側のこういった神話です。

しかし、ソウルで開催されたこの宗教系国際会議では、もし誰かがこういった擬似神話に同調するそぶりを見せ、そこから資本主義が勝利したなどと発言しようものなら、その発言者は他の参加者大半から総すかんを喰らってしまったほどでした。

会議は、一週間足らずの日程という時間の制約上、議論はきわめて性急なテンポで進められました。その結果、分団討議や全体会議で合意・採択された最終声明文も決して十分推敲《すいこう》された内容にはなりませんでした。合計五〇〇人もの出席者が会議場に詰めかけていたのです。とはいえ、最終日に採択された共同声明と関連諸文書は、内容が簡潔、かつ大変読み応えのあるものに仕上がりました。

公式文書は、最初に参加者全員による、多少仰々しい響きのする〝同意と確認〟(affirmation)から始まり、計四点にわたる論点、あるいは共同の自己責任の確認についての文章から構成されています。その四点とは、第一に発展途上諸国が現在抱えている対外債務に象徴される世界経済の危機とキリスト者の責任、第二として世界の軍国主義化、もしくは軍事優先化に対する危機の表明、第三は地球大気圏の異常気象の危機的現実、そして第四に世界各地に見られる人種隔離政策（racism）の撤廃、これら四点です。

こうした問題や危機に対して、現代キリスト教徒がそれをどのように自分の責任として受け止め担っていくべきかが、ここで正式に表明されたわけです。本文中、最も重要だと思われる箇所は非常に注意深い表現を用いて起草されています。また、詳細な関連付録諸文書が本文に添えられています。本会議で正式に採択されなかった、比較的長文の文章は、すべてジュネーヴの世界教会会議事務局あてに送付され、そこで最終的な編集をしてもらうことに落着しました。わたし個人の印象としては、確かにこのソウル会議は、出席者全員を満足させる成果を挙げたとはいえなかったであろうと思われます。しかし、ここで悪戦苦闘したそのすべての案件が、全参加者に最良の教訓を与えてくれたという点で高く評価されるべきでしょう。

同時に、ここで獲得された成果は、全世界のキリスト教徒の和解と一致に向けた次のステージに進んでいく上で、不可欠の第一歩になったという点も確かです。では、次のステップとは、具体的に何を指すのでしょうか。

まず中間的段階を、考えなければならないでしょう。来年二月にカナダ・キャンベラで開催予定の世界教会会議では、総会議事日程のうち最小限一日全体を費やしてでも、今回ソウル大会の主題「社会正義・平和・創造の保持」が、再度本格的な話し合いのテーマとして導入される必要があるはずです。いえ、それに留まりません。より深みのある取り組みが着手されなければならないでしょう。それは、決して不可能ではないのです。

首都ソウルで、わたしは取材のためドイツからやってきたジャーナリストたちから、次のような質問を受けました。

「ヴァイツゼッカーさん、今回のソウル会議は、あなたにとって一九八五年デュッセルドルフで開催されたドイツ福音主義教会大会（Kirchentag）が主題として掲げたテーマ、すなわち〝平和の創造に向けた和解と一致の構築〟の実現により近づいたとお考えですか。ソウル会議は、そうした契機になりましたか」。

この問いかけに対して、わたしは即座にこう答えました。

「もちろん、まだまだです！」。

わたしの返事の強調点は、〝もちろん〟にではなく、後段の〝まだまだです〟、とりわけ〝まだまだ〟にあります。換言すれば、数年後に今回のような、しかしより少人数の、多分一〇〇人から二〇〇人程度の参加者のもとで開催される会議を継続していくべきでしょう。それは決して不可能なことではないはずです――この〝まだまだ〟は、そうした予測を語っていると理解していただきたいのです。

そこで、わたしは今後開催されるであろう世界教会会議に対して、計三点の前提条件と要望を提出したいと考えます。その二つは、不可避の前提条件、他の一つは要望として理解していただければと思います。まず、不可避の前提条件です。第一は、開催期間の長さに関してです。今回の教訓から、わたし個人は全期間として四ヶ月前後は必要ではないかと判断します。第二に、そこには当然のことですが、全世界のキリスト教会とその代表者が参加できる条件が前提として整備されていなければならないでしょう。同時に、共同開催団体としてローマ・カトリック教会の名前が、正式にそこに明記されなければなりません。

最後に、要望に関してです。キリスト教の会議や大会で使用される公式言語は、徹底した改善を必要としているとわたしは考えます。ですから、こういったキリスト教系国際会議で、内外に向け発表される声明文や文章の用語、あるいは神学的表現を緊急に再検証し、もっと一般社会で使用される言語に変更することを要望したいのです。

ここで、この三点をもう少し詳しく説明しておきたいと思います。先に触れたデュッセルドルフでの教会大会で、わたしはあるセッションの座長を委嘱されたのです。この委員会には、教会内外に向けて平和に関する呼びかけ（声明文のかたちで）をどのように進めたらよいか検討する作業が委ねられていました。そこで、わたしは声明に関する原案を作成し、セッションでの検討を依頼したわけです。委員会は、最終的にそれを了承してくれました。その後、多くの人々がこの平和関連文書の根底に流れている考え方や文章中の使用言語について、「あなたが、その仕掛け人ではありませんでしたか」とわたしに聞いてきた次第です。

〝考え方（根本理念）〟に関しては、「いいえ！」と答えるべきでしょう。なぜなら、そこに表明されている平和についての基本認識は、すでに一九八三年カナダ・ヴァンクーバーでの教会会議の席上で、東ドイツ福音主義教会によって打ち出されていたものだったからです。わたしの〝発明品〟などではありません。しかし、この文書中の使用言語の変更については、「はい、そうです！」と答えるべきでしょうか。わたしの提案がそのまま委員会で採択されたわけですから、確かにわたしがその〝命名者〟であったといえるのかもしれません。その点は、率直に関係者に事実関係を告白しました。

社会正義や自然の保護・保全といった表現は、キリスト教世界の慣用句に留まりません。一般社会でも多用する言葉です。それらが教会会議の正式な手続きを経て、声明文書に受け入れられたのです。そうしたこれまでの経緯を考えると、今後開催されるべきキリスト教系国際会議では、例えばカトリック教会やギリシア正教会などで頻繁に使用する公会議、あるいは司教会議（ラテン語 concilium、英語 council、ドイツ語 Konzil――訳者）といった宗教言語は、キリスト教以外の世界の常用言語ではまったくないわけですから、もっと一般社会が理解しやすい表現を工夫する必要があるのではないでしょうか。

しかし、この種の会議に一定期間の時間の設定は絶対不可欠でしょう。とりわけ、対外に向けた諸文書の作成に際して、キリスト教以外の社会や人々が必ず注目してくれる内容にしたいというのであれば、文書の完成のために一語一語十分時間をかけて検討をする必要があります。短期ではなく、長期的な会議日程が組まれなければなりません。わたしとしては、そうした注意深さや配慮の心など不要だと考える人は、あえて会議などに出席せずむしろ自宅で静かに時間を過ごすことをお勧めしたいほどです。

まさに、ソウル会議で顕在化し、しかも正当な理由を伴った（発展途上諸国の）激しい怒りは、結局、切迫し不十分な日程のため本格的な議論のテーマにならなかったのです。それだけに、今後の教会会議ではそうしたテーマが、必要かつ十分な時間的余裕のもとで徹底的に討論され、話し合われなければならないでしょう。時間の余裕さえあれば、参加した者同士がお互いをより身近に感じ取れるからです。そこから、共働する姿勢も出てくるはずです。そうした取り組みの中から、この時代が抱える苦悩や困窮をキリスト者としてどのように理解し克服すべきかを具体的、そして実践的に話し合う道筋が見えてくるのではないでしょうか。

では、ローマ・カトリック教会とプロテスタント教会との〝共催〟問題は、どのように考えるべきでしょうか。バーゼル会議は、大陸ヨーロッパに在住するプロテスタント・キリスト者とカトリック・キリスト者の双方にとって、文字通り〝共通の体験と行動〟の絶好の機会、そして空間になりました。その点、今回のソウル会議は参加者が全世界から駆けつけたという点もあってでしょうか、カトリック教会から一五〇名もの〝代表団〟が助言者の立場で参加してくれました。彼らも確かに心から喜んでソウルに駆けつけてくれはしました。けれども、バチカン教皇庁は代表団への全権委任を承認しませんでした。議案決議に対する正式決議権を、一五〇名の参加者に許諾しなかったわけです。すでに、バチカンは一九八七年、ジュネーヴの世界教会会議からの要請にもかかわらず、プロテスタント教会との〝共催〟を否決していました。その二年後の秋にも、オブザーバー参加は承認しましたが、参加者への〝全権委任〟を不許可扱いにしたのです。わたしは、今ここで責任の追及をしようとは毛頭考えていません。責任転嫁は、人間として恥ずべき行為の何物でもないからです。しかし、自分の誤謬《ごびゅう》を率直に認める行為は、その後の言葉や行動にきわめて有益であるはずです。ですから、わたしもここであえてこの〝共催〟問題に言及している次第です。

一九八七年に、バチカンは数ヶ月の躊躇《ちゅうちょ》の後、教皇の名で態度表明をしていました。それによれば、バチカンとしては、カトリック・キリスト教の長い伝統的な教会観に忠実でありたいとの立場から、世界教会会議（WCC）のような他団体と国際会議における〝共催〟関係に入ることはできないという結論でした。しかし、わたしの見るところでは、バチカン側のこうした〝特殊な〟否定的見解は、もしジュネーヴ側が会議への参加呼びかけの際、カトリック教会に対しても他の世界教会会議加盟諸教会同様の共催要請をしていたならば、十分回避できたものになっていたはずです。一九八九年九月、わたしは、プロテスタント教会側の公的立場とはまったく無関係に、私人の立場でローマにあるバチカン教皇庁を訪問し、関係者と長時間の対話を行なう機会を持ちました。当然、話題はカトリック教会の世界教会会議主催・世界会議への参加をめぐる可能性にまで及びました。席上、参加に前向きな教皇庁側有力指導者たちは、わたしに向かって彼らの心中を率直にこう打ち明けてくれたのです。バチカン側も、ジュネーヴにある世界教会会議本部に質問状を送付し、会議参加によるカトリック教会の実質的意味とは何なのか、どこにあるのかを教えてほしいと要請していた、しかし結局ジュネーヴからは公的にこれに関する何の回答も送付されなかったというのです。しかし、わたしの理解するところでは、この回答ももしカトリック教会側が一九八七年の時点で、プロテスタント教会主催の世界会議に〝共催者〟として出席する旨の結論を出していたならば、もはや不要であったはずです。むしろ、バチカンは、共催団体として名前を連ねることによって世界会議に対して必要とする影響力を行使できたはずですし、会議の企画・立案に積極的な関与をしていけたはずなのです。

開催期間の長短の問題と並んで、声明文や文書で使われる〝教会用語〟を再検討する、あるいは変更するという問題があります。ここには、文字通り意思の疎通（communication）という本質的問題が横たわっているといってよいでしょう。例えば、もしわたしたちが特に神学教育など受けていない、しかしキリスト教会とは（礼拝出席などを通して）比較的密接な関係を持っている立場の人間だと仮定して考えると、今回ソウル会議で採択された声明文や公式文書の文言に対して、ほぼ間違いなく次のような反応が返ってくるはずです。

「わたしには、これら文書の第一頁からすべて全然理解できません。これ以上読み進んでいっても、いったいわたしに何の益があるというのですか」。

他方、読み手がもし神学教育の素養がある人であるならば、そこにはまるで鏡に映したような異口同音の言葉が批判として返ってくるでしょう。

「これらの文書は、神学的水準にまるで達していない代物ですよ。内容理解も不十分です。すべてが、単純素朴に過ぎます。まあ、せいぜい教会の中で平信徒が取り交わす程度の神学談義でしょうね」。

あるいは、こう批判する人もいることでしょう。

「わたしたちの教会では、例えば〝誓約・契約（covenant）〟というような概念はまったく使用されていません！」。

こういった率直な批判的言葉に対して、ソウル会議の席上わたしは次のような反論を試みました。

「確かに、今回採択された声明文や公式文書の文言は、神学的素養のある人々にとっては、いわずもがなの概念や表現だと思われる言語を多々使用しています。それは、事実です。しかし、だからといって、それが全的に無意味だということにはならないのではないでしょうか」。

本来、この種の教会声明や公式記録は、特に誰かを教育するという目的で執筆されているのではありません。それらは、どこまでも関係者一同の時代に対する責任や課題についての信仰告白という性格を強く帯びているのです。しかし、だからこそ、一般社会との間にいかに良好な意思の疎通を図るか、どのような用語や表現を使用するかは、非常に重要な問題であるはずです。一九八五年のデュッセルドルフ教会会議の席上、わたしは強い個人的要望として次のような文書を主催者側に提出いたしました。

「こうしたキリスト教系会議では、一般社会に生きる人々が決して見過ごさない、聞き捨てにしない、いや逆に実に傾聴に値すると感心するようなキリスト教会なりの独自の言葉を用いて、教会外の世界に語りかける責任があるのではないでしょうか。その点を、深く考慮した会議にしていただきたい」。

教会の中には、「教会の外の世界に向かって語りかけるべきではないか」というわたしの提言に対して、当然わたしの理解を批判する友人たちもいました。彼らは、例えば次のようにわたしに批判の言葉を投げかけてきました。

「キリスト教会は、この世に対して語りかける必要などまったくありません。なぜなら、教会が語る言葉に対して、この世が耳を傾けることなどないのですから。キリスト教会の本来的使命は、人間の良心に向かってひたすら語りかけることにあると理解すべきです。教会は、自分自身で行なわない業務を他の人々に要求することなどすべきではないのです」。

確かに、こうした批判的態度や認識がキリスト信仰から引き出されうることは、わたしも認めるのにやぶさかではありません。彼らの批判にも、その意味で謙虚に耳を傾けるべきでしょう。しかしながら、わたしは友人たちのこうした批判が真実に的を射ているとは考えません。もちろん、人間は自分がなしえない行為を他の人々、そして隣人に要求すべきではないでしょう。しかし、この社会に生活する人々にとって自分の健康や幸福、いや将来の生存が最大の関心事となり、しかもそれらが社会正義や平和、あるいは自然保全といった現代的テーマのもとに登場してくる時に、教会がこれら教会の外の人々、すなわちこの世界のために、丁寧にこれらの問題を解き明かそうと努力する行為は、まさに信仰に基づく隣人愛の表明なのではないでしょうか。

さらにいうならば、わたしを批判する人々は、この世界が教会の語る言葉に耳を傾けないと一方的に決めつけ、一般社会を断罪しています。しかし、本当にそうなのでしょうか。わたしは違った見方をしています。教会外の社会一般が教会の発言に耳を傾けないのではなく、実は十分傾聴に値する言葉を教会が口にしていないからではないでしょうか。また、この世の人々は聞こうとしない、あるいは教会を無視しているのではなく、知性を備えた多くの人々は、直接言葉で表明しなくても教会の発言を深く批判的に聞いているのです。こう考えると、キリスト教会には時間的余裕などありません。時は、切迫しているのです。

最後に、教会と社会の関係を考えるという文脈でわたしはあえて一言させていただこうと思います。一見すると、これは政治にはまるで無関係のように思われる問題ですが、事実はその反対で、きわめて政治的射程距離を持つ問いかけです。キリスト教とは一定の距離を置いて生きているわたしの友人が、ある時わたしに対してこう問いただしてきました。

「ヴァイツゼッカー君、君はなぜそんなに宗教界、それもあえてキリスト教の世界に関わろうとするのかね」。

わたしは、彼のこの問いかけに快活な気分でこう答えました。

「いや、それは取り立てて問題にするほどの事柄じゃあないね。だって、これまでボクは長い間学問の世界、政治の世界、あるいは一般社会に対していつも堂々と自分の確信や所信を語ってきたんだ。そうだとすれば、そのボクが宗教界、いやキリスト教の世界に対して何か語るべきことがあるなら、いつであれ所信を披瀝《ひれき》すべきじゃあないのかな？　さらにね、この社会には直接政治に関係ないと思われるような実に多くの問題がある。なすべきことも山積みしているんだ。

その具体例が、環境問題、いわゆる〝環境の保全〟だと思う。この環境問題を政治の課題として真剣に考えている政治家も、少なくはないさ。彼らは、環境保全や保護の必要性も熟知している。ところが、政治家たちは、公的な場所でこの環境政策の〝正当な〟推進を公然と主張することによって、次の選挙の落選が必至だと判断された途端に、その立場から直ちに身を引いてしまうものだ。

政治家にとっては、環境保全の正当性や必要性よりも、選挙での自分の当落の方が関心の上位にあるんだよ。どう考えても、これはおかしいだろう？　世論喚起の必要性がここに出てくる。そのような時にこそ、社会に大きな影響力を持つキリスト教会は社会と人間の意識の改革に貢献できるのではないだろうか？」。

わたしは、彼にそのように答えました。しかし、それはあくまでも個人的見解です。この世界に対する教会の使命を考える時に、もっと本質的な公的視点があるのではないか――わたしには、そう思われてなりません。

一九五二年のことです。わたしは、招待を受け南アメリカの一国ブラジルを訪問する機会が与えられました。滞在時間が十分あったので、この国をつぶさに見聞するチャンスにも恵まれました。当然、この国のカトリック・キリスト教会の詳細な現実もわたしの目に飛び込んできました。そして、外国からの観察者であるわたしの目にこの時代のブラジル・カトリック教会は、社会的にほとんど発言権を喪失しているかのように映ったのです。少なくとも、五〇年代初期のブラジル・カトリック教会の姿はわたしの目にそのように見えました。この国のキリスト教会は、一方で社会の底辺層に生きる貧しい人々に対して何か魔術的な宗教上の慰めを語りかけ、他方で裕福な社会層に属する人々には彼らの私生活をそのまま容認し正当化するかのように、ひたすら〝内面性の信仰〟をふりまいていたのでした。

ところが、一九八六年わたしがこの国を再び訪問した時には、状況は大きく変化していました。カトリック教会は、その間大変革を体験していたのです。教会は、八〇年代ブラジルで社会的に大きな影響を与える強力な団体に成長していました。そこには、ラテン・アメリカのいわゆる〝解放の神学〟がもたらした影響と貢献がありました。

この解放の神学は、現代キリスト教世界にイエス・キリストを再発見する道を開拓してくれたといってよいでしょう。すなわち、二〇〇〇年前にパレスチナ地域に生きたイエスは、まさに社会の底辺層に生きざるをえなかった当時の人々、貧しい多くの人々のもとにまずやってこられた方であり、自ら彼らと共に人生を過ごされた方であったという歴史的イエスの再発見です。解放の神学は、それを再発掘し、ブラジル社会でその主張を展開したわけです。

「栄光のキリスト」ではなく、「十字架のイエス」が、あらためて注目されたといってもよいでしょう。ソウル会議の主題、すなわち「社会正義・平和・自然の保全」が、最も深く受け止められ、最も単純素朴に語られている場所――まさに、それはこのイエスが語られた言葉となされた行動の中に見出されるというべきです。

(『南ドイツ新聞』掲載論文、一九九〇年三月)

第7章　自由の条件とは何か

一九八九年は、ドイツ人にとっても他のヨーロッパ諸国民にとっても、決して忘れることのできない年になることでしょう。東ヨーロッパ社会主義圏の六ヶ国・民族は、自由を要求する革命の道へ乗り出しました。その中の五ヶ国では、従来の歴史に類例のないかたち、すなわち暴力を伴わない形態の革命を成就しました。ハンガリー、ポーランド、東ドイツ、チェコスロヴァキア、そしてブルガリアの五ヶ国です。他の一ヶ国、すなわちルーマニアでは、革命は支配権力層による必死の防衛によって、結局〝流血の革命〟に落着してしまいました。

しかし、これら東ヨーロッパ諸国に見られる革命は、すべてモスクワ指導層の配慮と忍耐に溢《あふ》れた対応なしには決して成就しなかった性格のものでした。ゴルバチョフ大統領を筆頭にしたソ連共産党は、同じ社会主義体制を敷く国々で勃発《ぼっぱつ》したこの革命に対して、ハンガリー動乱（一九五六年）や〝プラハの春〟（一九六八年）の時のように軍隊を出動させず、むしろ静観の態度に徹したのです。この点、残念ながら東アジアの社会主義国・中国においては、東ヨーロッパに見た〝無血革命〟が展開されず、国家権力の武器使用によって民衆の民主化と自由を要求する運動はすべて鎮圧されてしまいました。これが「天安門事件」（一九八九年六月）です。

いつであれ、自由を求める人間の歩みは予測できない事態に直面するものです。それゆえにこそ、その成就は誠に感動的な天来の贈り物となります。ドイツの場合、この道程は長期にわたるさまざまな危機に包囲されていました。しかし、自由への道程は今やドイツ人を大きな課題の前に立たせることになりました。わたしは、以下の論述を通してこれらの課題に言及させていただきたいと思います。当然、この課題はさまざまなかたちを取りうるでしょう。わたしは、七つの問題領域、あるいは七つの問題圏として、説明を加えさせていただこうと思います。そこでは、現実的・具体的な課題が登場してくるはずです。

同時に、それらはわたしたち現代人が、これまでずっと直面してきた課題であると共に、未解決の難問として人類が苦しんできたものでもあるのです。いわば、すべてが特異な領域に及ぶ問題群であり、諸課題だというわけです。さらに、これらはすべて現代人が今生活しているこの世界に見聞されるものばかりです。その際、重要なことはそれらが互いに密接に関連している、すなわち全的な相互関連性に立っているという事実の認識ではないでしょうか。

わたしは、このように相互関連性に立つ諸問題を詳述するにあたって、最初にそれら全体の素描を短く試みておきたいと思います。これは、いうならば事前の知的冒険の試みとでもいえるのかもしれません。当然、これら諸課題の論述に対しては反論や批判が起こりうることも考えられるでしょう。それは必然的な反応です。反論や批判には、当然ながらそれなりの理由や根拠があるはずです。しかし、わたしは自分の理解と相違する見解に対して、それなりに正面から再反論する用意があります。むしろ、わたしの立場からそれらの認識や見方が実は的外れではないか、そういった指摘をあえてさせていただこうと考えております。

わたしがここで挙げたい七領域の問題群は、いわば特殊から一般へと移行しながら分析を加え、考察を進めるという性格を帯びています。まず、それらを列挙しておきましょう。意識化・自覚化の領域、国家の領域、経済の領域、環境の領域、社会、もしくは共同体の領域、文化の領域、人類、もしくは人間共同体の領域です。ただし、ここではこれら七領域は、順不同で取り上げ論じられるでしょう。しかし、詳細な論述に入る前にわたしとしては、それらを現代のこの時点で取り上げて論じるその意味について、どうしても一言させていただきたいのです。

ヨーロッパの最近史を振り返るならば、自由の実現を最終目的として大陸に勃発し展開されたこの革命は、何にも優って〝人間の意識を改革する〟といった運動から出発している事実に気づかされます。そこから人々があらためて認識したのは、社会の秩序は〝自由〟を欠落させたままでは共同体としてまったく尊敬されないという点の発見、自由の欠落は日常生活においても実質的な〝効率性の喪失〟に堕してしまうという事実の再発見でした。例えば、自由競争の原理に立脚した〝市場経済〟は、本当に社会の諸問題を根源的に解決してきたのでしょうか。現代の自由市場経済は、〝地球環境〟の破壊を阻止する能力を内部に所有しているのでしょうか。確かに、社会体制や経済構造、あるいは生態系破壊をめぐる諸問題は、すべて一国の内部規制を大きく受けています。しかし、同時に、国家がこの現代世界の中で孤立した単独の共同体として生存していかれないことも、決して否定できない事実なのではないでしょうか。

ヨーロッパ大陸は、わたしたちにとって共通の空間であり、時間帯です。この共通領域一つ考えてみても直ちに理解できるように、この世界の形成者は人間、そして社会です。その人間と社会によって、ヨーロッパは今日まで変革を体験してきました。この点は、いまさら指摘するまでもない共通の経験知です。しかし、では、そこで人間は社会に発生した問題と、どのように向き合ってきたのでしょうか。この問いかけに正しく答えるためには、再びわたしたちは人間の意識化、あるいは意識の変革というテーマに立ち返る必要があります。かくして、わたしたちは、冒頭でわたしが列挙した七領域の同じ円の中、すなわち同一の円周をグルグル回転することになります。最終点から、再度出発点へと戻って考察を行なうわけです。そして、本日の講演ではこういった性格を帯びた七テーマを取り上げながら、しかしわたしは論述の順序を逆にして、すなわち最後の論点から最初の論点へ帰るかたちで、お話を進めさせていただこうと思うのです。

1　人類、もしくは人間共同体の領域

人間の問題は、古来、そして現代世界においても時代の本質的課題として意識され、本格的に議論の対象とされてきた一大テーマです。このテーマを、わたしはヨーロッパ文化が抱える問題に即してしばらく展開してみようと思います。人間をめぐる問題は、今日ヨーロッパ諸国において、とりわけ環境経済や社会一般、さらには意識変革の領域における不可欠の前提条件になっています。この最後のテーマの場合、意識変革は個々の人間に関係すると同時に、共同体全体の意識変革をも視野に入れています。別言するならば、ヨーロッパ世界における意識変革の問題は、本日ここに参集したわたしたちすべてのヨーロッパ人に直接関わってくる、きわめて本質的な問題であるということです。

人間に関わる問題は、人類の問題でもあります。人類全体の問題は、わたしたちにとって現実的な意識化の対象であるといってよいでしょう。人類の成員である自分自身を否定する人間は、皆無であるはずだからです。ヨーロッパの場合、この意識化はクリストフ・コロンブスとフェルナン・デ・マガリャンイス（マジェラン）と共に開始されました。すなわち、彼ら二人がヨーロッパ人としてこの地球が球形の物体である事実を発見して以来、〝人類史の中の人間〟という

意識化が開始されたわけです。その時（一五世紀後半に始まる大航海時代）以降、ヨーロッパ人は地球上で初めて科学・技術分野における優位な立場を堅持してきました。これは、同時にこの時代以降ヨーロッパ諸国が文化領域においてもきわめて優位な立場に立つことを意味しました。

現代の視点から考えるならば、一八世紀以降、北アメリカ二国、すなわちカナダとアメリカ合衆国が大陸ヨーロッパの一員としての歩みを始めたと見てよいでしょう。かくして、ヨーロッパ大陸は、軍事と経済の二分野において急速に世界支配を可能にする歩みを開始するに至るのです。

そして、現代のわたしたちは、人類の未来を危機と恐怖のイメージを抱きながら描き出しているのではないでしょうか。しかし、その危機や恐れとは、具体的に何を指しているのでしょうか。そこには、どのような問題や課題があるというのでしょうか。これとの関連で、わたしは先ほど二つの概念をご紹介しました。科学・技術、そして支配という概念であり、用語です。これら二つの言葉は、恐らくわたしたちがもし権力という表現を使用して考察を加えてみるならば、実態がより正確に解明されるはずです。まさに、古今東西人間にとって、権力との関係はきわめて実存的なものであり、同時に現実的テーマだというべきです。

ただ、わたし個人はここで使用する〝権力〟の意味を、「人間の生存に直接関わる実体」として理解しておこうと考えています。とりわけ、ここで論じられる権力には、新人類ホモ・サピエンスという生物学的領域に見られる人間の能力という含蓄があることを付言させていただきます。

この場合、サピエンスは〝機略と才覚に富む〟ことを意味してはおりません。むしろ、そこでは〝叡智《えいち》と思慮に溢れた〟という含蓄の言葉として理解すべきであるとわたしは主張したいのです。その上で、わたしは権力について以下のような定義づけを試みたいと考えます。すなわち、自由空間で設定された目的の遂行のために使用される手段を正しく統御できる能力、それこそが権力であると。手段化した権力の行使は、例えば食糧の貯蔵に始まり、その大量備蓄を可能にし、さらには武器の保持、政治権力を駆使した言動上の規則、下位の人間に対する「命令と服従」の強制、といったさまざまな領域において、具体的に確認できるでしょう。

四週間ほど前まで、わたしは東アジア・大韓民国の首都ソウルで開催されたあるキリスト教系の国際会議に参加しておりました。この会議は、社会正義と自由、そして創造の保持をスローガンに掲げて開催された国際大会でしたが、これら三テーマはいずれもこの時代に生きるわたしたちすべてにとって切実な問題であると共に、まさに権力との関連で深く検証すべきものでもあるといってよいでしょう。そこで、わたしはこれについて短くお話をさせていただこうと思います。「創造の保持」から入っていきましょう。

創造の保持という言葉は、非常に宗教的な言い回しです。すなわち、キリスト教世界固有の表現です。一般的表現に置き換えるならば、それは自然の保護、もしくは環境の保全に代置できるでしょうか。

現代の科学・技術は、人間に巨大な力を与え、この自然界を制御させることを可能にしています。しかし、科学・技術はそれ自体として未成熟な存在です。それは、時として危険ですらあります。いえ、科学・技術には、きわめて幼稚な側面さえあるのです。場合によっては、科学や技術は非科学的性格すら帯びているというべきでしょう。例えば、もし科学・技術が単純に自身の巨大な力を目的の遂行にのみ行使することを考え、そこから派生する副作用に対しては何の関心も抱かないとするならば、そうした科学や技術は反、科、学、的でありうるのです。化石燃料、換言すれば有機体として地球の生命個体から産出された諸物質をめぐる問題があります。石炭や石油、あるいは天然ガスのことです。それらは、何十億年という地球の生成史の中で、現在の固体や液体に変化して今に至ったものです。しかしながら、もしわたしたちが高度な現代科学とその技術力を駆使して、わずか数百年という短期間でこれらの化石燃料を消費し去ったとするならば、この事態は文字通り愚行であり、馬鹿げた発想だといわざるをえないでしょう。まさに、こうした消費は、浪費そのものです。

この時代に生きるわたしたちが教訓とすべきは、こうした消費至上主義のライフ・スタイルではなく、地球資源を大切にした節約のそれではないでしょうか。現代人が今学ぶべきこと、それは大気圏に放出する温室効果ガスを今後も数十年継続していくならば、この世界に住む何億もの人間がいずれ彼らの故郷から追放されてしまうであろうという深刻な現実です。その阻止のためには、さまざまな対策が講じられなければなりません。その具体的取り組みが、技術と経済の分野における対策です。その詳細は、後に〝環境の領域〟というタイトルのもとであらためて論じられるはずですが、前提とされるべきは国際的な協力の推進です。そして、協力活動の実現のためには、やはり平和と秩序が前提とならなければなりません。

平和は、人間にとって太古の昔から探求されてきた課題でした。他方、戦争も古来絶えることなく続いてきた事態です。戦争は、武器の技術的改良によって可能となった紛争解決の一つの手段であったと考えてもよいはずです。互いに対立する二つの共同体に、紛争が発生したとしましょう。双方が、その解決のためにそれぞれ武器の開発に力を注ぎ、戦場でそれを使用するに至ります。紛争解決の手段に、武器を伴った戦いが存在することを、もし双方が熟知していたならば、間違いなくそこから戦争が開始されるはずです。その戦争は不可避の運命として、敵と味方のいずれにも心理的不安を引き起こします。そうなると、双方は再び軍拡競争へのめり込んでいかざるをえなくなります。こうした道程は、古今東西どのような共同体においてももはや回避できない運命になります。換言すれば、社会に生じる対立と紛争は、いつであれ、どこであれ存在する現象だということです。こうした紛争の解決手段として、戦争が登場するわけです。しかし、その戦争はいつも絶対不可欠な行為などではないはずです。これは、本来人間が平和を愛し、争いを好まないという人間の本来的態度に即応した理解だといってよいでしょう。

一九三九年二月のことです。当時、全世界には約二〇〇人の核物理学者が、原子爆弾の理論的開発と実際的製造の現実的可能性を知るに至りました。わたしもその一人でした。その時、わたしはしばらく熟考を重ねた後、結局二つの選択の道に到達しました。すなわち、原子力時代に生きることになる現代人は、最終的に自己破滅の道を選び取るのか、それとも互いに叡智を集めて構造化されたこの時代の戦争の制度自体を克服していく道を選び取るか――こういった二者択一的選択です。わたしには、このテーマが二〇世紀最後半期の現在においても、なお大きな喫緊の課題であるように思われてならないのです。

同時に、わたしは人類が自滅の道を選択するほど愚かではないことも確信しています。その証拠に、現代ヨーロッパでは多くの人々がここ数年間（一九八五年以降）、現実的楽観論に立って平和構築の可能性と道程を真剣に考え始めているのです。後にヨーロッパの文化の領域を論じる際にもう一度このテーマに立ち返ってお話ししたいと思います。文化における決定的相違という問題は、細心の配慮を持って接近すべききわめて重要な問題群の一つです。それは現在、この地球の南側にある諸大陸とそこに住む人々、すなわち発展途上諸国とそこの人間にとって生死に直結した一大テーマになっているからです。

では、ここから「社会正義」をめぐる分析と考察へ移っていきましょう。最初に、政治の領域においてこの概念、あるいは用語がどのように理解されてきたかを考えてみたいと思います。すると、そこでは社会正義という言葉が大別して二通りの意味合いで使用されてきた点に気づかされます。第一に、正義には人間の諸権利、個別の人間が自由に行使できる権利としての人権という理解があります。第二として、この概念には社会的正当性、すなわち社会正義という意味が含蓄されているはずです。あの一八世紀フランス革命の際、パリ市民たちが掲げたスローガンを借用して表現するならば、ここにいう正義の内実は、自由と平等に匹敵するはずです。この前者、すなわち自由の諸権利については、〝社会の領域〟を論じる時に再度言及したいと考えています。社会正義の貫徹・要求とは、さらに厳密に考えるならば、貧困の克服であり、飢餓の根絶である――そのように代置して考察を進めることができるはずです。貧困と飢餓の克服や根絶は、現代世界に生きるすべての人間にとって、もはや絶対回避できない最大の課題です。しかし、同時にこれはその解決が最も困難な課題でもあると断言してよいでしょう。

　大陸ヨーロッパとその文化領域の南方に位置するアフリカ大陸とそこに居住する人々の三分の二が、二〇世紀末の現在この問題、すなわち貧困と飢餓をめぐる現実に直面しているのです。アフリカ大陸の貧困と飢餓の問題は、本日この会場に参集したすべてのヨーロッパ人に厳しく突きつけられている深刻、かつ真剣な問いかけではないでしょうか。同時に、アフリカをめぐる問題と現実は、ヨーロッパ大陸の文化領域総体にも深く関わってくる問題であると考えるべきでしょう。わたしは、ヨーロッパ全域に直結するこうした諸問題の根本的解決が、とりわけ大きな緊急性を伴って現代世界に求められていると考えます。それは社会正義の貫徹であり、社会的公平さを基軸に対処すべき人権の問題でもあります。だからこそ、その解決のためにわたしたちヨーロッパ人は全力を挙げて関わっていくべきではないか、いやそうした力がわたしたちにはある、と私は切実に感じております。貧困と飢餓の問題は、歴史的・政治的構造から見るならば、経済と社会に連動する問題です。わたしとしては、これら二領域をそれぞれ別途に考察する予定でいますが、ここで序言的に一、二言及させていただきます。わたしにそうした情熱を与えてくれたきっかけは、冒頭でご紹介した東アジア・大韓民国の首都ソウルで開催されたキリスト教系国際会議への参加と強烈な体験でした。この会議が、ヨーロッパ人のわたしに実に大きな情熱と示唆を与えてくれたのです。東アジアの一国で開催されたこの国際会議全体を終始支配していた雰囲気は、南半球の発展途上諸国から参加した代表者たちが抱いていた激しい憤りと怒り、まさに抑えがたい憤怒の感情でした。彼らのこの激越な怒りと憤りは、いうまでもなく北半球に位置する先進工業諸国、とりわけ発展途上諸国や地域で横行している北側諸国の経済的独裁主義に向けられたものです。この会議では、北側自由主義諸国の経済体系全体が罪に汚れたシステムとして、南側代表者たちによって実に手厳しい糾弾の俎上《そじょう》に乗ったのです。さらには、もしヨーロッパからの参加者たちが、もはや社会主義理念や国家統制経済システムは歴史から消滅してしまったなどと、安易な楽観論を展開しようものなら、そこで即座に南側代表者たちの容赦なき糾弾を浴びること必定で事実そうでした。南半球からの参加者たちには、北側のそうした過剰な楽観論などは絶対に許容できない立論だと映ったわけです。彼らは、次のような皮肉たっぷりの言葉で北側を批判したのです。

「わたしたちは、ロシア人がアメリカ人と比較して、特段に良質の人間などではないことは、ずっと以前から十分分かっていたのですよ！」。

まさに、この発言に現代世界とそこに生きる人間が今直面している赤裸々な現実と深刻な問題性が、見事に投影されているというべきなのではないでしょうか。この時代の問題を、ただ単に東西論から分析し論じるのではなく、南北の視座からも検証し、認識すべしという南半球の人々の厳しい指摘を、わたしたちはもっと真摯《しんし》に受け止めるべきではないでしょうか。

2　文化の領域——ヨーロッパを中心に

人類史から見ると、ヨーロッパ大陸がもはや地政学的に経済や政治、あるいは軍事の諸領域で、現代世界を支配する地域になっていないという事実は疑う余地がありません。けれども、文化の領域においては、違います。今もなおヨーロッパは、世界に大きな影響を与えているはずです。ただし、その際わたしが考えているヨーロッパとは、大西洋からウラルにかけての地理的なヨーロッパ大陸ではありません。ウラル地帯は、ウラル山脈に象徴されるようにロシア大陸の一地方です。また、大西洋はかつてヨーロッパ諸国が一五世紀以降アメリカ大陸へ進出していく際のいわば〝侵略ルート〟でした。また、現代では最も頻繁に往来がなされている情報交換通路になっています。むしろ、わたしはヨーロッパ大陸を〝サンフランシスコからウラジオストックまで〟の地理的空間として理解したいのです。もっとも、南アメリカは文化面でここに含まれると考えられなくもありませんが、政治力学的にはやはりまったく別途な世界に位置していると見るべきでしょう。

一九八九年にヨーロッパ大陸で成就した平和革命は、一九四五年以後のヨーロッパ現代史の中で最も重要な意味を持つ政治的・社会的大事件でした。後に多くの人々が再確認したことなのですが、この革命は確かに機が熟し、時満ちて発生し、成就した出来事でした。と同時に、誰一人その勃発を予測できなかったという性格の事件でもあったのです。しかも、モスクワ共産党指導部は、必要とあればこの蜂起を軍事力によって阻止・鎮圧できたはずです。それは、東ドイツ（一九五三年）やハンガリー（一九五六年）、あるいはチェコのプラハ（一九六八年）で、民衆が直接体験した蜂起への鎮圧です。ワルシャワ条約に基づき出動した軍隊によって、これらの革命の炎はことごとく鎮火させせられてしまったのです。ところが、一九八九年に勃発した市民革命の場合、まったくそうした動きが見られなかったのです。ソ連当局は、いったいなぜ今回にかぎり阻止や鎮圧の行動に出なかったのでしょうか。

さて、ヨーロッパの文化領域は、第二次世界大戦以降、米ソ二超大国による主導権争奪のもとに長い間支配されてきました。ヨーロッパの未来は、すべてこの二大勢力間の対立と紛争が新たな戦争、すなわち第三次世界大戦へ展開していくか否かにかかっていたといってもよいでしょう。これまでのところ、破局の事態は一応回避されてはいます。わたしの観察では、それは米ソ双方が核兵器（原爆）の投入に対して不安を抱いているからに他なりません。対立と紛争は、その後結果的に二つの悪しき事態を誘発してしまいました。軍拡競争とヨーロッパ世界の分断です。

前者、すなわち軍拡競争についていえば、これがそれ自体の内部に実はさらに三点の否定的結果を招来したというべきでしょう。それは、現在も残存している悪しき結果です。軍拡競争は、まず経済面で地球資源の浪費を引き起こしたのです。軍拡競争さえなければ、それに要した経費や資源を必要に応じて東ヨーロッパ社会主義諸国や南側発展途上諸国に援助として投入できたはずなのです。それは不可能でした。まさに、資源の浪費です。軍拡競争に投入された地球資源は、これらの国々や地域、住民たちへ潤沢に提供されえたはずです。

さらに、軍拡競争は米ソ双方につねに相手に対する敵対感情を醸成してきました。その敵対心のために、相互理解はきわめて困難になってしまいました。こうした点を考えるならば、二〇世紀最後半の現時点においても停止することなき軍拡競争の結果、新種の武器開発が行なわれ、それがさらに戦争を勃発させる事態へ連動していく可能性と危険性すら存在することが分かります。予測できない事態の発生もありうるのです。そうした米ソ超大国の対立関係の中、ヨーロッパの諸国民はより深刻、そして骨身に沁みるかたちで苦難を味わってきたわけです。もちろん、この苦しみは決して西側自由主義諸国だけに限定されていたわけではありません。同じ大陸の東方、東ヨーロッパ共産主義圏に生きる市民たちも、この半世紀同様な苦痛の体験をしながら歩んだというべきです。端的にいうならば、第二次世界大戦終結以降、大陸ヨーロッパのすべての住民は四〇年を超える長い歳月、イデオロギー対立と政治的分断のど真ん中でもがき苦しみ、悩みながら生きてきたのです。しかし、それは同時に、自由を欠落させた社会の中に人間が置かれていたことを物語ります。だからこそ、民衆はこの自由を渇望したのです。その結果、一九八九年ドイツで無血革命が成就したわけです。分断と対立を克服する歴史的必然性が、そこにあったということです。

しかし、ではなぜ対立や紛争が発生したのでしょうか。もし、歴史に登場する災禍を真に克服したいと願うのであれば、わたしたちはまずこの災禍や悪の由来と根源を正しく理解しておく必要があるでしょう。すると、そこに対立や紛争の帯びる特徴が、相異する二つの共同体間の対立、あるいは緊張として登場するという事実に気づかされるはずです。その実際的形姿については、後に言及することにしましょう。ここでは、次の一点にのみ注意喚起をさせていただきます。対立や緊張それ自体が、戦争勃発の危険性を作り出すことはない、危険性を誘発する根拠にはなりがたいということです。恐らく、そこにはもっと別な深い根拠があるはずです。

それは、太古の昔から存在してきたもので、二大勢力の間の主導権争いのかたちで出現します。それは現代では科学・技術の力によって、本来一致可能な空間が存在するにもかかわらず、両者間に熾烈な主導権争いを繰り広げさせるに至っているわけです。今日までの人類史を振り返ってみるならば、こういった激しい主導権争いのかたちは、古代バビロニアとアッシリアの二大帝国、あるいは古代ローマ帝国とフェニキア・カルタゴ王国の間に見られたものです。その出現形態が、どのような構造を持っていたかといえば、それは執拗な権力欲追求の舞台で敵と味方双方が、共に相手勢力に対して抱く不安心理というかたちを取ることが多いのです。精神や心の不安は、個人であれ共同体であれ、わたしたちが日常的に露出させる不可避の心理現象であるからです。

実をいえば、アメリカ合衆国とソ連邦いずれもが、半世紀近い歳月敵対と緊張の関係を継続させてくる中で、イデオロギー上の対立や紛争をむしろ歓迎していた側面もありました。すなわち、両国の権力層は自らの権力基盤の確保と維持のために、いわば擬似的〝仮想敵国〟を作り上げることに走り回った形跡があったのです。ある意味で、それは容易でした。彼らは、米ソ間の対立と緊張を必ずしもすべて否定的にだけ考えていたわけではないということです。反対に、両国それぞれ内部に存在する相互不信や緊張は権力の掌握者たちにとっては、好都合の局面すらあったのです。

したがって、今わたしたちヨーロッパ人がこういった錯綜状態から改革の方向に向けて、少しなりとも方向転換を試みている現況は、人間の健全な判断力の勝利の結果であると考えてよいはずです。しかも、そこでは特にモスクワのゴルバチョフ大統領を筆頭にしたソ連指導部の懸命な判断と理性的対応が大きな役割を果たしていることが、特筆されるべき点でしょう。彼らは、自由革命の勃発と進展を次のように理解したはずです。すなわち、現時点で世界の資本主義体制は崩壊しないだろう。それゆえ、戦争の再発もまずありえないだろう。

他方、軍備増強に今後要求される諸経費は、もはや負担に耐えられる限界を超えている。さらに、人間の自由を欠落させた政治秩序は、結局自己破滅の道を辿る以外に選択肢がないだろう——そのようにモスクワ指導層は、理解をしていたわけです。だからこそ、一般民衆は自由の獲得を目的とした一九八九年の民主化革命の成就を、忍耐しながら待つことができたのです。当然、彼らは一九六八年のチェコで、後にあまりにも短命な「プラハの春」と呼ぶに至ったように、自由と民主化を求めるプラハ革命がワルシャワ軍戦車隊によって無残にも圧殺されてしまった挫折の体験を決して忘れていなかったはずなのです。

　では、今わたしたちが取り組むべき具体的な課題はどこにあるというのでしょうか。わたしは、こう考えています。すべてのことに先んじて、ヨーロッパの全域、東西南北が、もう一度統合されることです。そのためには、第一にヨーロッパ諸国が国境をそれぞれ広く開放する必要があるでしょう。第二として、経済領域において制約のない共働関係を作り上げる努力をすることです。その点は目下ヨーロッパ連合（ＥＵ）が、鋭意努力中です。要するに、活発に機能する公平な自由主義経済市場を充実させていくことです。第三に、政治領域における合意と一致を可能なかぎりヨーロッパ大陸全域で獲得し、その責任を共に担っていく必要があるでしょう。そして、最終的理想は〝ヨーロッパ合衆国〟の建設にあるべきです。「ヨーロッパ連合」は、それに向けた第一歩、最初の礎石です。

　ここでは、もはや互いに仮想敵国を作り上げ、軍拡を推進してきた政治的・軍事的システムなど不要になるはずです。いや、破棄・廃棄すら可能です。目標の一つは、間違いなく軍備撤廃であるはずです。しかし、軍縮がそのまま平和の道程にはなりえないでしょう。軍縮から平和へ、ではなく、平和が軍縮を実現させていくのです。平和の達成こそ、軍縮の道程です。なぜなら、軍備増強の原因は、要するに相互不信の感情にあるからです。反対に、平和こそ不安を克服する最も確かな道なのです。

ヨーロッパ大陸が再び一体化される、すなわち再統合を実現するには、サンフランシスコに始まりウラジオストックに至るまで、平和と安全保障が確立されなければなりません。目的を達成するために、わたしたちは是が非でもこの条件を満たす必要があります。

3　国家の領域

悠久な人類の歴史を見れば容易に理解できることなのですが、人類は政治的単位としての国家（Nation）の枠組みの中に組み込まれていませんでした。むしろ、そこには部族や都市、王侯貴族の支配、あるいは帝国などといった組織が存在し、人々はそのもとに生活をしていたのです。国家は統一されるべきであり、しかもそこに独立した権力組織が成立しなければならない――こういった国家観は、ヨーロッパ史に即して考えるならば、一九世紀に入ってやっと一般的認知を獲得するに至った理解であり、概念です。しかも、この国家形態は、背後に一九一八年のハプスブルク王朝の没落、あるいは神聖ローマ帝国の崩壊を代償として獲得された近代国家という歴史的経緯を持っています。オーストリア・ハンガリー帝国のような複数民族国家では、〝国民国家〟（nation state）建設は、政治的共同体形成における一大目標になったのです。

けれども、国家という概念は、今日もはや誰一人無視も否定もできない言葉、確固とした市民権を獲得した概念になっています。二〇世紀における世界平和の実現という点から考えるならば、この共同体概念は〝連合制国家〟の形態を取ると申してもよいはずです。

一九八九年、ヨーロッパ大陸で成就した自由の革命で人々がまず要求したのは、内面の自由でした。民衆は、そのために戦ったのです。それは、冒頭でわたしが紹介した東ヨーロッパ社会主義六ヶ国を見れば、よく理解できるはずです。これら諸国の民主化革命、人間の内面的自由の獲得を掲げつつ奪取した自由の革命は、次第にその目標を政治の領域へ移行させていきました。そして、政治革命も勝利したわけです。そこから、革命は国家としての自由と独立、すなわちより拡大された外的自由を権力当局に要求する運動へと連動していったのです。周知の通り、この外的自由を要求する革命の波は、今やヨーロッパ大陸の全域に押し寄せているといってよいでしょう。

わたしたちにとって、現実の政治的展開に見る最も重要な関心事は、結局のところ次のように問いかけることにあるのではないでしょうか。すなわち、東ヨーロッパ社会主義諸国で成功した自由と民主化を求める革命は、はたしてソ連にとってどのような意味を持つ事態として映り、受け止められたのであろうか——これは、わたしたちが正面から問いかけてみる価値のあるテーマではないでしょうか。二〇世紀は、海外諸地域に建設されたすべての植民帝国が解体された世紀です。現代世界で今も存続している植民統治は、ツァー王朝（ピョートル一世）がロシア大陸全域を統治した国家だけです。東ヨーロッパ諸国・諸民族は、同盟関係を通してここに組み入れられ、今に至っています。もちろん、編入されたロシア以外の諸民族には、自主と独立に対する強い願望がありました。そして、彼らの動向は当然イスラム教文化圏の諸民族に大きな影響と刺激を与えずにはおきません。彼らもまた、世界的な広がりの中でイスラム世界の自尊の心を積極的に回復するようになっていきました。

コーカサス地帯のキリスト教文化圏に属する諸国家は、民族的同一性を堅持する中に独自の歴史を形成して現在に至っています。同時に、彼らは帝政ロシアの時代から多くの苦難を強いられてきました。これも真実です。フィンランド、エストニア、ラトヴィア、リトアニア、あるいはポーランドといったバルト海近隣諸国も、これまでソ連邦を構成する共和国、あるいはその傘下に組み入れられる中に、それぞれの歴史を刻んできたのです。しかも、それはヒトラーとスターリンの間に極秘に締結された、その意味で国際法に違反した協定(一九三九年八月)による強制編入であったのです。特に、ポーランドの処遇決定は、悲劇的な内容でした。

第二次世界大戦の終結後、ヨーロッパ大陸は勝利国、とりわけアメリカとソ連の意向を受けて二分されてしまいました。冒頭でわたしが言及したワルシャワ条約機構加盟六ヶ国のいずれの国も、ソ連の統治下に置かれたわけですが、九〇年代以降その支配から自国を解放しようとする動きを見せています。一九三〇年代後半から四〇年代前半期、東ヨーロッパ地域の国々・諸民族の目には、ソ連赤軍は〝解放軍〟として映っていました。他の誰でもない、この社会主義国ロシアが、独裁者ヒトラーの東ヨーロッパ侵略から自分たちを死守し解放してくれた恩人である、だからソ連は彼らにとって偉大な〝解放者〟であったのです。

共産主義は、元来歴史に登場し始めた時から国際的連帯を固有の政治思想として表明していました。ソ連が解放者として受容されたのも、その意味では正当な事態です。共産主義が掲げた理想を素朴に受け入れた人々が、次のような期待を抱くに至ったのは、ごく自然な人間的感情だったのです。すなわち、一九世紀初頭の古い国民国家主義は、いずれ社会主義の優勢の前に消滅するであろう。ヨーロッパ世界は、社会主義という卓越した大思想のもとにほとんど一元化されていくに違いない。素朴な共産主義の信奉者たちは、そのような期待をかけていたわけです。ところが、一九八〇年代以後その期待は外れ、東ヨーロッパ世界に大変革の巨大な波が襲来したのでした。

まず、いわゆる〝スターリン主義〟とまさに今顕在化しつつある共産主義体制そのものの危機は、かつてそれが葬り去り、消滅させたはずの国民国家思想、もしくはナショナリズムを、再度しかも猛烈な勢いで蘇生・復活させました。当然、こうした急激なナショナリズム復興の動きは、ソ連当局にとっては連邦共和国体制の崩壊に連動する脅威と映らざるをえないでしょう。

けれども、まったく別な解釈の道があるのです。すなわち、他の社会主義諸国・諸民族の、独立と自由を希求する運動は、同時にロシア民族の旧きナショナリズムをも目覚めさせることに実は貢献したという事実です。もちろん、こうした流れが今後いっそう激化していくようになれば、民族間のナショナリズムは互いに火花を散らし、衝突せざるをえなくなるかもしれません。しかし、その事態は自由や独立、あるいは主権回復の代償だと考えれば、それほど深刻なものではないはずです。

ところで、東側諸国を中心とした民主化運動や改革に関して、わたしは個人的に次のような印象を抱いております。まず、わたしはロシア大陸をここではレニングラードからウラジオストックに至るまでの地理的空間を指す言葉として考えています。この大陸には、ロシア民族と共に多くの民族が〝複数民族国家〟ソ連を形成しながら共存しています。そして、もしこれら諸民族がそれぞれ独立し、ロシア民族から分離し、主権国家としての歩みを開始するならば、むしろそのことはロシア民族にとっても好都合なのではないでしょうか。ロシア人はロシア人で、独立自歩の国家建設を進めていけるからです。ロシアが、他のどのような民族・国家以上に豊富な地下資源に恵まれているかという事実も忘れてはなりません。共和国としての国家存続に関しても、ロシアには何の問題もないはずです。

さらには、ロシアが現代国際社会や世界の諸国民の中で、最も重要な役割を期待されている国家である点も、疑問の余地がありません。一五共和国から構成されている現在のソ連邦が、万一将来解体されるとしても、それはロシア民族にはむしろ幸福かつ明るい未来が待ち受けていると考えることが可能です。独立し、主権国家となるかもしれない他の一四共和国も、それぞれが主体的に独自の道を歩むようになるでしょう。今、それが可能になりつつある絶好の時期です。彼らは、〝長兄〟ロシアを尊敬し、喜んでロシアの重要性を承認するはずです。ヨーロッパ大陸の東側地域に占めるロシア共和国に対して、敬意を表すると共にロシアを彼らの中心に迎えるでしょう。恐らく、この地域にはいつの日か、一種の〝国家連合〟的な国際機構が誕生するに至るはずです。

さらに、ここでもう少しわたしの個人的な見通しを語らせていただければと思いますが、現代ソ連の指導者層にわたしは今ここで確認された問題や課題を真剣に受け止め、今後の国家形成に活かしてほしいと切望して止みません。そうした能力を彼らが持っていることをよく知っているからです。ただし、その際必須の前提として、ロシアには徹底した経済改革、およびその成功が厳しく要求されてくるはずです。なぜなら、これまでソ連の権力者たちは社会や経済の改革に意を注ぐよりも、複数民族から構成されてきた〝植民帝国〟ロシアの一体化を死守するために汲々とした政治を展開してきたといえるからです。そうした過去と現在をいかに改革し、成功させることができるかに、ロシアの今後の浮沈がかかっているというべきです。わたしは、ロシア指導部がどれほどの交渉力を持ってこの課題に立ち向かっていくかに注目しております。

さて、次に一人のドイツ人として、わたしは本日ここにご臨席の皆さまに対して、現在と将来のドイツをめぐる問題について一言させていただきたく存じます。これは、わたしに今託された責任でもあると理解しているからです。

ドイツ民主共和国、すなわち東ドイツは、すでにわたしたちに知らされていますように、現在（一九九〇年四月）特殊な状況下に置かれています。同時に、冒頭ですでに触れた同じ社会主義圏六ヶ国との比較で考えても、やはりこの国は特異な立場にあるといってよいでしょう。すなわち、自由と民主化を求める東ヨーロッパの革命の展開の中で、東ドイツは東と西に分断された一方の国家として今日まで歩んできたのですが、ドイツ人による共同体という意味では、東西ドイツはあくまでも一つの国なのです。「ベルリンの壁」崩壊（昨年の一一月）から七ヶ月が経過しましたが、この間わたしたちに明らかになったことは、東ドイツ経済がきわめて深刻な状況にあるという厳しい現実です。何よりも、そこでは最も貴重な労働力が決定的に不足しているという現実が露呈されたのでした。ここの労働者たちによる西ドイツ社会への移住が、この間急増したからです。とはいえ、西ドイツ側の経済援助によって東ドイツの経済が徐々に回復しつつあることも、間違いありません。残念ながら、東側共産主義諸国は東ドイツの経済支援に関しては、何の貢献もしてくれませんでした。

そうした過去もあってか、東ドイツ社会で開始された民主化運動、あるいは自由を求める革命は、その初期段階ではごく一群の少数集団によって先鞭《せんべん》がつけられたのでした。彼らの強靭《きょうじん》な一致の精神と要求に触発され、本格的な改革運動が拡大し、展開されたのです。とりわけ、東ドイツのプロテスタント・キリスト教会がこの自由を希求する改革運動の中で担い、果たした役割には、決定的に重いものがありました。教会の指導者たちは暴力を手段化した抗議活動を退け、あくまでも非暴力を根底に据えた示威と抗議の集会や運動を広範な市民層に呼びかけたのです。そして、その闘争の方針は多くの国民から支持されました。この自由・民主化の実現を要求する運動は、最終的に勝利を勝ち取ったわけです。この非暴力〝無血〟革命は、そこからいっそう開かれた自由社会の形成を目指し、国民に対して平和と安寧に向けた希望の力を生み出す上で大きな貢献を果たしたのです。

そこから、東と西の国家に分断されていた母国ドイツを、もう一度一体化させたい、いや再統一しようという不屈の要求と訴えが双方に湧き起こってきています。しかしながら、母国ドイツの一体化や再統一を求める東西ドイツ国民のこうした大きな要望の声は、目下ヨーロッパ大陸の近隣諸国と多くの国民の間、いや多くのドイツ人自身の中にすら、ある種の不安と警戒の念を呼び起こしています。それが、現在の偽らざる状況ではないでしょうか。

わたしは、ドイツの国内と同時に国外にも身を置いて活動しているドイツ人の立場から、やはりこの点について一言せざるをえない自分を感じております。最初に、ドイツ国内に身を置く者の立場からわたしは同胞のドイツ国民に向かって、以下の歴史的事実への注意喚起をしたいと思います。すなわち、一九四五年五月にヒトラー政権が崩壊してから一九九〇年の現在まで、まだわずか半世紀（五五年）しか経っていないという歴史の事実を考えるべきでしょう。ドイツ人として、これは決して忘却してはならない厳粛な事実です。回顧すれば、ヨーロッパ大陸のほぼ全域が、わずかここ一〇〇年の間に、ドイツ軍によって二回も侵攻され、無残に踏みにじられたのです。そうした過去の歴史とその記憶が、大陸ヨーロッパ諸国と国民には今も残っているわけです。そうだとするならば、この大陸の多くの国々と国民が今回のようなドイツ再統一に向けた東西ドイツの胎動や主張に、不安と警戒を覚えるのは至極当然な現象ではないでしょうか。わたし個人は、ここ四半世紀の間一貫して、次のような歴史認識を表明してきたドイツ人です。分断国家ドイツの一体化、あるいは再統一は、ただ大陸ヨーロッパ全域の再統合が実現した結果としてのみ有意味となり、可能となる事柄であるという認識です。ただ、目下浮上しているのは、ヨーロッパ全域の平和的一体化と共生という一大課題が、先般実施されたドイツ連邦議会の総選挙のようには円滑に進展しないであろうという厳しい政治の局面ではないでしょうか。

では、ドイツの外の世界からこの問題（ドイツ再統一の国民願望とヨーロッパ諸国・国民の警戒や不安）を考えるならば、何がそこで語られるべきなのでしょうか。わたしは、ドイツ人の一人として、皆さまに次の点を申し上げておきたいと考えています。これは、わたし個人の不動の確信でもあります。すなわち、将来ヨーロッパ世界に〝第二のヒトラーの亡霊〟などは、絶対徘徊させることはありえない、同時にそんな亡霊など断じて出現させてはならないということです。この確信を、わたしは抱いております。

少なくとも、わたしたちドイツ人がこの半世紀の間に歴史の教訓として学び取ったことは、それがドイツ国内であれ、近隣のヨーロッパ諸国においてであれ、ヒトラー思想の共鳴者、すなわちネオ・ナチズム信奉者たちが入り込む余地など皆無にしなければならないという断固たる決意です。社会で彼らが占める支持率は、ドイツ国内を見ても一〇パーセントには程遠いのが現状です。むしろ、今後問われるべき案件は、〝統一ドイツ〟が、統合化・一体化の途上にあるヨーロッパ世界の政治的・経済的・社会的・文化的秩序の中へいかに融合していくかという本質的な問題ではないでしょうか。その際、東西ドイツ双方に横たわっている現下の最大の克服目標は、東西分断の可視的象徴でもある二大軍事・安全保障体制、すなわち北大西洋条約機構とワルシャワ条約機構を、将来どのように収斂させ、一本化するかという課題に他なりません。その点に関するわたしの見解はこうです。両者は、現在軍事的対立の方向にではなく、むしろ政治的対話に向けて互いに歩み寄っている傾向にあります。これは、注目に値する動きです。これら二機構が、いつの日か一本化されるとするならば、この政治的対話の方向にこそ未来の可能性を見出すべきでしょう。また、わたしたちもそれを心から期待したいと思うのです。

わたしの親しい友人で、法律家、そして政治アナリストでもあるホルスト・アーフヘルト氏が最近国際法の観点から、次のような注目すべき分析と提言をしています。彼は、今わたしが言及した東西ドイツの二条約機構とその未来に関して論を展開しているのです。〝統一ドイツ〟の実現を前提にすると、もし東西の両ドイツが、まず互いに協力し合って連盟的組織を立ち上げ、次いでそれを段階的に統一国家へと弁証法的に止揚させていくことに成功するならば、純粋法理論的にはその時点で、東西いずれの国家も既存の二機構遵守の義務から自らを解放させることが可能となるのではないか。双方とも、もはやこの二条約に拘束される必要はなくなるはずだ。〝過去化〟した二条約に対して、ことさら律儀な忠誠心を表明することも不要になるだろう——アーフヘルト氏は、立論をそう展開しています。そこから、わたしたちが容易に推論できることは、確かに彼の法解釈は誰からも異議申し立てを受けることはないであろうということです。しかし、その理論が現実に実現されるためには、大陸ヨーロッパ全域が何よりも平和を基調にした共同体へと共に成長していく必要があるでしょう。そして、第二として再統一を成就させた後の新生ドイツが、ヨーロッパ全体の平和と共生に正しく貢献していく必要があります。これらの大前提が、優先的に実行に移されなければなりません。この点に関しては、さらに詳細な考察と議論を展開したいのですが、本日わたしに与えられた講演の時間の制約上、これ以上そこに立ち入ることはできません。その点、ご了解いただければ幸いです。

4　環境の領域

ヨーロッパ世界が今後平和裏に共生し成長していく上で、緊急に求められるのは、単に平和ムードを醸成することだけではないはずです。何かある種の法的枠組みを考案することでもないでしょう。求められるのは、より活発で成功の見通しの立つ相互の協力関係の樹立ではないでしょうか。

この問題を具体的に考える上で一つの明快な事例を紹介させていただきたく思います。ご一緒にそれを考えながら、ヨーロッパ大陸に生活するわたしたちの将来の協力関係がどのようなものであるべきか、どれほどそれが今緊急、かつ必要であるか、あるいは可能であるかをここで共に理解しておきたいと思うのです。それは、環境保護、あるいは環境の保全に関する取り組みの課題です。

より直截的にいうならば、現代のヨーロッパ国民にとって最も必要、そして独自の課題は、まさにこの環境保護であると断言してよいはずです。一言で、それは温室効果ガスの大気圏放出をいかに削減するかという問題です。もし、わたしたちが石炭や石油、天然ガスといった地下資源を現状のまま使用し続けていくならば、ダイオキシンの深刻な大量発生は必至です。気象学者たちが今わたしたちに教えてくれるのは、これらの化石燃料を人類がこのまま今後数十年にわたって現在の消費量で消費していくとすると、地球全体の気温が平均五度も上昇するであろうという観測結果です。そして、この消費量は地球の氷河期から現在に至る間に、人類が体験してきた気温の総合上昇度に匹敵するというのです。その〝悪しき温室効果〟は、海水の上昇、砂漠化の拡大、あるいは気候帯の変動などを必ずや誘発するであろうという警告を呼び起こしています。さらには、億単位のホームレス集団が世界の至る所に出現するだろうというのです。元凶の温室効果ガスをより効果的に低減するためには、先進工業諸国がここ数十年の間に率先してこの化石燃料の消費を、現在の三分の一の規模にまで縮小しなければなりません。現代の自由主義市場経済のもとでは、確かにこの実行は至難の業でしょう。けれども、これは悲壮感を伴った消費物の放棄や断念をしなくても、やる気さえそこにあれば可能な行動であるはずです。

もし、わたしたちが具体的事例として、環境税の導入を環境政策の一環として実現できるのであれば、可能なはずです。エネルギーの有効利用をめぐる科学・技術の向上化や再生エネルギーの新規開発と市場経済におけるその広範なマーケット化がそれに伴えば、二酸化炭素排出量の削減は決して実行不可能なことではないのです。グローバル化した経済市場の現状を見ると、先進工業諸国は互いに競合する関係に立っています。しかし、だからこそ先進諸国はそこで自国を中心にした行動のみを図るのではなく、広範な国際協定を締結し合う方向へ自国を転換させていく必要があるのではないでしょうか。地球環境の保護は、全世界の国々とそこの市民たちにとっても現在不可避の課題として出現しているからです。だからこそ、ヨーロッパ諸国が互いに協力し合う中でこの問題と正面から向き合う義務があるのです。地球環境の保全は、ヨーロッパ諸国間の真実な協調の姿勢を具体的に示す、最も規範的テーマになるのではないでしょうか。

5　経済の領域

今わたしは、市場経済論を少しばかり展開いたしました。ここから、わたしたちの目は経済の自由市場をめぐるテーマ、換言すれば自由の実現を最終目標にした民主革命に関わる問題へと移っていきます。この問題領域は、これまでにも多少言及したつもりですが、わたしとしてはあらためてここで経済領域との関連から論じてみたいのです。端的にいえば、わたしたちはここで社会主義、もしくは共産主義とそれをめぐる諸問題に言及することになります。個人的には、わたしはこの問題にずっと以前から大きな関心を持って考え続けてきました。

そこで、この問題を正しく考えていく上で多分最良ともいえる〝歴史の証人〟を引き合いに出しながら論を進めていきたいと思います。それはカール・マルクスです。

一般論として、ヨーロッパ近代の市民革命は一、定の社会階層が政治権力を掌握するプロセスを経ながら展開された運動であったといってよいでしょう。市民的社会改革が、政治革命へと移行していったわけです。この社会層は、すでにそれ以前の時代から経済分野の権力を掌握し、社会で大きな比重を占めていた階級でした。それが、後にブルジョアジーと呼ばれるに至った自立的商・工業関係者です。マルクスは、彼らを資本家とも呼びました。このブルジョア階級に対抗する勢力として登場してきた大多数の人々が、長く従属を強要され、搾取を強いられてきた労働者たちです。マルクスとエンゲルスの共著『共産党宣言』（一八四八年）では、この階層に所属する人々はプロレタリアートと呼ばれています。

周知のように、マルクスはこれら二つの階級間の闘争の展開において、主導的な役割を担うに至った人物です。しかし、その際彼は、空想的社会主義者（サン・シモンなど）とは異なり、あるいはわたしが本日の講演ですでに言及した（「ソウル報告」に登場する）南半球・発展途上諸国のキリスト教徒たちとも異なり、ブルジョアジーとプロレタリアート、この両者の間に存在する現実を決して容認できない反道徳的な事態として糾弾し、両者の関係の逆転を厳しく要求したのです。そこで、マルクスが最初に試みたのは、こうした過酷な現実を因果関係から追求すること、すなわち原因と結果を科学的・合理的に分析し、検証することでした。

彼は母国ドイツでゲオルク・ヘーゲルから歴史哲学における弁証法を批判的に学びながら、同時に当時のイギリスから資本主義的市場経済の理論を学んだ経済学者・革命家でした。マルクスによれは、存在が意識を決定するのであって、その逆では断じてないのです。人類史のいかなる局面でも、ある階級が決定的に主導権を掌握する時が到来するはずだ。現在が、まさにその好機である。そして、その階級が代弁する現実的・個別的な利益（私益）がある歴史的段階に達すると、それは必然的に社会全体の利益（公益）に転化していく――彼は、そう主張します。

一八世紀スコットランド出身の経済学者アダム・スミスは、中世ヨーロッパ社会で当然と見なされていた家父長的社会制度とその元手の経済体制に代わって、彼の時代から勃興しつつあったイギリス市民階級とその経済改革（産業革命）の機運の中で、市民たちの対等を念頭に据えた自由主義経済理論を提唱するに至りました。スミスの理解によれば、自由、そして透明性を保持した、しかし決して特定個人の支配下にはない経済市場こそが、財と物の生産を最大限可能にする場所となります。そのような自由な市場が、最終的に個人の健全な利己主義（エゴイズム）や勤労意欲、あるいは圧倒的多数の人々の知的活動を生み出す原動力の役割を果たすことができるのです。スミスは、そう主張しています。まさに、彼の主張の真理性が、実は一九八九年東ヨーロッパ社会主義圏の政治・経済改革運動を通して再び実証されたのでした。そのように考えて間違いないでしょう。

そこでは、国家官僚による絶対的な統制経済や共産党幹部による独裁的政治支配が引き起こした恐るべき非効率性の現実が露呈したのです。自由と民主化闘争は、まさにこの実態を指摘し、厳しく批判した改革運動でしたが、それはついに政治革命へ連動していったわけです。硬直化したこの政治・経済システムは、社会主義の理想と見るのにはあまりにも内実を欠いた内容でした。八〇年代に東側共産主義社会で起きた自由・民主化革命は、その事実を全世界に証明したことになります。

マルクスの理解によれば、真に理性的な社会主義が成立する場所とはこうした能率性、あるいは資本主義市場の内包する諸矛盾が正しく克服されるところを意味します。さらには、社会主義が理性的に出現する場所は歴史の展開において最も確実に弁証法が見られるところであるとされています。しかし、経済市場が正しく機能するためには、どんな歴史状況のもとであれ最小限、財物の生産が最大限の規模で可能になるような市場システムの整備が不可欠です。それと共に、この経済市場では富（利潤）の公平な分配が保障されていなければなりません。

けれども、マルクスの緻密な分析に基づく経済理論は、その後の歴史的展開を見るかぎり、一度として実現されませんでした。そのことは、一九世紀の大英帝国の経済的現実を見れば一目瞭然です。マルクスの盟友フリードリヒ・エンゲルスは、一八四五年首都ロンドンに滞在しながら形成途上のイギリス資本主義社会の悲惨な現状を直接自身の目でつぶさに目撃した人物でした。当時のロンドンの現実は、ある意味で現代世界の南側発展途上諸国にわたしたちが日々見聞する過酷な現実と大差ないといえるのではないでしょうか。あるいは、当時のイギリスの現実は、現代のグローバルな経済市場が繰り広げている厳しい搾取の現実でもあると考えられるのではないでしょうか。

人間のこうした悲惨な現実は、必然的にそこで社会正義を要求する声を上げざるをえなくなるものです。そして、マルクスは一九世紀ヨーロッパ社会のど真ん中でまさにこの正義の貫徹を声高く要求した人間でした。彼は、階級が消滅した人類社会の未来を預言し、併せてその実現のためにプロレタリア革命を提唱しました。この未来展望、あるいは未来への期待は、残念ながらその後の歴史においては一度も成就されませんでした。マルクス以後の人類史、あるいはヨーロッパ社会史を振り返ってみても、プロレタリア革命はそこではただの一度も勃発していなかったのです。

現代中国の革命指導者毛沢東が推進した農民革命を、真に成功したプロレタリア革命と呼ぶことが許されるか否かに関しては、賛否の議論が多々あるところです。わたし自身は、今この点についての評価は保留させていただこうと考えています。他方、一九一七年勃発の「ロシア十月革命」に関してですが、わたしはこう判断しています。ロシア革命は、結局のところ一群のごく少数者による権力闘争として展開された革命ドラマでした。プロレタリア革命が、階級なき人間社会を創出したという人類史は、これまでのところただの一度もありませんでした。むしろ、革命が勃発するや否や、そこでは直ちに一部の職業的革命家たちによる独占的階級支配が開始されていったというのが、偽らざる歴史の真実です。結局、社会主義革命はかつての階級社会を復活させてしまいました。

マルクス自身が、前近代的・封建的要素を多く持つ帝政ロシア社会の革命の成功を否定的に見ていたのです。反対に、彼は大陸ヨーロッパ西側諸国の自由な資本主義市民的社会の中に、革命の可能性と現実性を見抜いていました。プロレタリア革命の可能性は、帝政ロシアにではなく、むしろ西側の自由主義諸国に存在すると彼は判断していました。その意味で、マルクスは前近代的封建体制下の帝政ロシアに革命の実現を求めることはしませんでした。しかし、革命の現実的可能性という点では、高度に産業化された現代の資本主義社会においても、その可能性は同様にほぼ存在しないというべきでしょう。それが、率直な現実です。例えば、労働組合は資本主義社会の中ですでにプロレタリア的性格を放棄し、喪失してしまっていると見るべきです。現代の労働組合は、小市民的なグループへ転落してしまったと考えるのが公平な認識ではないでしょうか。

カール・マルクスの徹底した状況分析には、きわめて高い動機と鋭さが満ち溢れていました。しかし、彼の時代診断はその後の歴史的経過においては的を外れていたと総括すべきです。では、彼の診断はなぜ的を外し、間違っていたのでしょうか。この問いかけに正解を提出することは、この時代に生きるわたしたちにとってきわめて本質的な行為であるはずです。とりわけ、崩壊しつつあるヨーロッパ大陸東方の共産主義社会が掲げてきた〝今、ここに存在する社会主義″スローガンの挫折と悲劇、あるいは南半球発展途上諸国に見聞される過酷な現状を目の当たりにして、わたしたちはあらためてこの問いかけに今こそ誠実に答えなければならないのではないでしょうか。ここから、わたしたちは自由と社会正義の実現のための社会的条件とは何なのかをあらためて取り上げ、検証しなければなりません。

6　社会、もしくは共同体の領域

容易に理解できることですが、今日高度産業化を成し遂げた国々や市場経済が円滑に機能している社会では、広範な革命を志向する労働者階級が実は不在です。それは、なぜでしょうか。答えは、単純明快です。これらの国々や社会では、労働運動が自ら掲げた闘争目標の大半を実現した満足すべき状態に置かれているからです。しかも、その実現は物理的力の行使によらず、民主主義的手段を介して可能になったのです。換言するならば、そこでの実現は増大を続ける市場が製品や物資を日々産み出した結果であったということです。それが、先進工業諸国における赤裸々な現実です。

しかし、こうした現実が可能になるためには、そこで政治的自由が保障されなければなりません。社会の底辺層に生きる人々も、その自由を使って一致と団結を成し遂げることができるわけです。まさに、現代の西側自由主義諸国に見られる福祉国家は、労働組合運動と社会民主主義思想がそれぞれの社会において、政治的勝利を獲得した結果だというべきでしょう。前者の勝利についていえば、労働運動は資本主義社会の中で働く人間の利益を代弁する最大の勢力になっているわけです。他方、後者の社会民主主義の勝利はいったい何を意味するのでしょうか。それは、伝統的保守政党や政治家たちが、元来は社会民主主義者たちの政治スローガンであった標語の中心部分を、いつの間にか自分の陣営のスローガンに取り込んでしまった事実の中にあるというべきでしょう。

しかし、その際唯一未解決のまま残された問題は、社会的正義と公平さを備えた自由主義市場経済をめぐる諸問題です。ドイツ連邦共和国（この時点では、西ドイツ――訳者）では、いわゆる〝福祉関係の予算額〟は国内総生産（GDP）の約三〇パーセントの比重を占めています。この問題に関しては、三点のコメントをさせていただきます。最初に原則的なコメント、第二に過去を振り返って、最後に将来を展望してのコメントです。

まず、原則的な問題に対するコメントです。自由は、社会の成熟にとって不可欠の要素です。ヨーロッパ市民社会は、一九世紀から二〇世紀にかけて、三領域の自由、すなわち個人の自由、国家という政治機構をめぐる自由、そして経済領域の自由を実現してきました。個人の自由とは、とりわけ言論の自由を意味すると同時に、移動の自由、転居と転職、あるいは職業選択の自由をも含んでいるはずです。

さらに、国家の政治体制に関わる自由には二重の意味合いがあります。第一は、国民・あるいは市民がいつなりと陳情や要求を提出できる法治国家がそこに存在するか否かに直結する自由、第二にそこには多数決の原理、換言すれば有権者による自由な、あるいは無記名投票によって、国民が政府を改廃できる民主主義がそこにあるか否かをめぐる自由です。すでに、論じてきた第三の経済領域における自由は、一言で自由な経済市場の開設と運営を保障する自由を意味するはずです。

これらの自由以外にも、いくつか具体的な領域が考えられるでしょう。言論の自由はその典型的事例です。八〇年代のソ連邦で、ゴルバチョフによってグラスノスチ改革、すなわち透明性や情報開示を要求する改革に先鞭がつけられたのは、まさにこれに該当するでしょう。この点については、講演の冒頭ですでに多少言及したつもりです。総体的にいえることは、現代世界はそれがどこの国、あるいは地域であれ、きわめて複雑化しているので一部の特権的エリートたちが勝手気ままに母国や地域を統制・操縦できるほど単純ではないということです。

例えば、わたしの専門分野、物理学という一学問領域を考えてみても、この分野における学問上の真偽の決定は、すべて学術論争を通して初めて可能になるというルールが確立しています。恣意的感情が入る余地は皆無です。それは、政治の領域においてもまったく同様です。一例を挙げれば、一般的に政権与党は、社会一般の傾向や選挙民の視線にある種の不安を感じるものです。そして、為政者たちはその不安心理の理由を自分自身で熟知しているのです。これは、民主主義のルールに従って社会を形成している国々では、しばしば見聞される現象だというべきでしょう。その政権が、選挙で敗北を喫した場合、その敗因と政権の主張は必ずしも直結しません。その政権が、選挙運動で何か理性的な分析や問題提起をした、あるいは正当な論理を正面から展開したことが、敗因の決定的理由になることも多々あるのです。別言すれば、多数決の原則に立つ事物の決定が、必ずしもその結果の正当化、いわんやその真理性を意味するものとはならないということです。多数決は、結果の無条件的真理を証明しません。その点は、暴力による支配が直ちにその支配の正当性を意味するものではない消息と軌を一にしています。だからこそ、わたしたちはそこに言論活動における自由の保障、激しく賛否を議論する自由の場が必要となるわけです。

ここから、過去を振り返ってのコメントに移りましょう。先ほど、わたしは〝社会民主主義の勝利〟について言及いたしました。この言葉には、若干不明瞭な意味合いが漂っているようです。大陸ヨーロッパの一九世紀は、保守陣営と自由主義陣営が対立し合い、しのぎを削り合った世紀だといってよいでしょう。そして、時代の経過と共に自由主義者が少しずつ勝利を獲得するに至りました。自由主義の原理が、そこから確立されていきます。彼らの勝利が決定的になったのは、次のような歴史的経過を見れば一目瞭然です。先にも少し触れたのですが、現代ヨーロッパ諸国の保守政党や保守的政治家たちは、この自由主義者たちが確立した多くの「自由主義の原理」を自分たち保守陣営のスローガンとしていつの間にか奪取、あるいは僭称《せんしょう》してしまったのです。自由主義者の勝利は、こうした事実によって明白になりました。

ところが、その後自由主義陣営の数量的・組織的拡大が、同時に彼らの終焉《しゅうえん》を招来させてしまったのです。結局、彼らが理想として掲げてきたさまざまな目標、自由主義の諸原則は、いつの間にか実現に向けた〝努力目標〟に祭り上げられてしまったわけです。二〇世紀に突入すると、この自由主義の理念は社会民主主義に引き継がれました。自由主義の諸原理も、革新政党によって担われるに至りました。すなわち、今世紀も彼らは一応勝利を手中にしているわけです。しかし、まさにその勝利が実は深刻な問題を内包しているのです。一九世紀同様、二〇世紀においても自由主義者・社会民主主義が達成したと自負した理想や目標は、いつの間にかいずれ実現されるべき目標の地位に据え置かれる運命に遭遇しているのです。その事実は、例えば現代の西側自由主義諸国の大半でここ一五年ほどの間に一般大衆の嗜好《しこう》が、かつての保守陣営のスローガンにいつの間にか変わっている現実からも確認できるはずです。

第三の未来展望に関するコメントです。将来的課題に関してわたしたちがなすべきことは、まさに無数にあります。例えば、現代の西ヨーロッパ諸国、そして豊かな先進産業社会に見られる共通現象があります。それは、こうした富裕な社会にあって絶えず片隅に追いやられている貧しい低所得層の出現という社会現象です。この階層に生きる人々は、残念ながら自分たちの声や主張を民主主義的手段を用いて他の社会層に届ける力を持ち合わせていません。その結果、底辺層の人々の無力感は、いとも簡単に絶望感へと転化してしまっています。

その一方で、東ヨーロッパ社会主義諸国とその地域には大量の失業者が現在急激に増加しています。これら諸地域では、新規の建築事業が緊急の課題になってきました。わたしは、ここに未来を展望したわたしたちの共同の取り組み課題があるのではないかと考える者です。果たすべき第一の課題がここにあるということです。西側自由主義諸国による財政援助と現実的な協力事業によって、東側諸国の中に雇用と労働を創出し、保障するという取り組みです。わたしの見るところでは、今後のソ連とヨーロッパ大陸の全域が政治的にどれほど安定していくかは、まさにこうした国際的な共同プロジェクトの実施とその成否にかかっていると考えてよいでしょう。

他方、目をヨーロッパから現代世界の他地域に向けてみるならば、将来の課題としてわたしたちの前に登場してくるのは、この地球の南半球に居住している人々、すなわち発展途上諸国やその地域の経済市場を抜本的に改革していくという課題です。これも、急務、そして共同で取り組むべき未来に向けた大きな課題です。そこはまだ初期資本主義社会の残滓《ざんし》、独占的な経済支配を髣髴《ほうふつ》させるような過酷な現実も支配しています。そうだとすれば、わたしたちがそこに多数決の民主主義原理に立脚した法秩序と法治国家を確立するための手助けを、南側諸国や市民たちに対して申し出る意味と責任があるのではないでしょうか。これもまた、人類の将来を見据えた共通のテーマになるはずです。社会正義と公平に立った法治国家を建設するという普遍的課題は、今なお世界的広がりにおける現代の一大テーマだからです。

7　意識化・自覚化の領域

今回の集いが掲げた総合主題は、「政治と倫理」ですね。これまでわたしは、主として政治を念頭に置いて分析と評価をお話ししてきました。倫理の領域に関しては、取り上げたテーマとの関連の範囲内でのみ多少モラル上の呼びかけをさせていただきました。しかし、それ以外は意図してこの領域に踏み込むことをしませんでした。つまり、本日の講演では倫理をめぐるテーマは、まだ正式に取り上げられていないということになります。

しかし、やはり最後にこのテーマをこれまでの文脈との関連でこの場で、同様な分析的手法を導入しながらお話しさせていただこうと思うのです。

政治と倫理、とりわけ比重を〝倫理〟に置いた分析と考察を進めるにあたって、わたしは誰もが最も理解しやすい具体的事例の紹介から入っていきたいと思います。これは同時に市場倫理の問題としても考察可能なはずです。一般的に、市場が成立する原則は、関係者が各自所有する〝健全な〝利己主義を率直に出し、それを相互に承認することにあると理解してよいはずです。市場原理の最善の姿は、個人、あるいは集団がそれぞれの健全なエゴイズムを相互に認知することにあるといってよいでしょう。個々の人間が、自分自身の利益（私益）に対する正確な認識を持つ場所から、共に万民の利益、すなわち公益の追求を進めていくことができるはずです。個人のこうした利己主義を前提にした公益追求の手法は、絶えず虚偽と怠慢を誘発するすべての国家統制的・計画経済と比較して、はるかに円滑な推進と業績を可能にしてくれるはずです。

けれども、この市場は決して万能ではありません。すでに、一八世紀アダム・スミスの時代以降、経済市場は自力では何一つ生産できないこと、それゆえにこそ、そこで法治国家が果たすべき役割が存在することに関して、共通の理解が確立されてきたわけです。スミスによれば、市場原理に立つ市民社会で国家が担うべき役割とは、第一に国際的平和の擁護と持続、第二として国内の法秩序の確立と整備、第三に社会基幹部門のインフラ整備、この三点です。現代世界の諸状況を念頭に置いて考えるならば、わたしたちは法治国家の第四の責務として、環境の保全と擁護、第五に利潤の独占的支配の禁止・制限をそこに追加すべきでしょう。わたしは、そう考えています。

けれども、現代の世界市場には負うべきさらなる課題があるはずです。それは、外見的には決して華麗な形姿を見せていません。しかし、倫理の本来的あり方を考える上で、不可避の責任であるというべきです。それが、人間関係の創造や持続の中にいかにしてエゴイズムに支配されない原則や構造を構築すべきか、どうしたらそれが可能になるのか、そしてこうした非自己中心主義な人間関係の創造に対して、はたして市場はいかなる貢献ができるのであろうか――こういった大問題が、現代の市場に突きつけられているのです。

恐らく、こうした方向における人間関係の創造は、規模としては家庭や友人、あるいは近隣の住民同士といった比較的小規模のグループが想定されなければならないでしょう。大規模では、これは不可能です。個としての人間、あるいは集団のエゴイズムから真に解き放たれた場所において、人間が初めて学び、また身につける原体験としての〝信頼感〟は、きわめて本質的な人間的資質だというべきです。これは、本来わたしたちが自分の母親によって育児の中で自然と獲得していくものです。

しかし、そうした不可欠の原体験を欠落させたまま成長した子どもたち、あるいは信頼という原体験を持たないまま成人に達し、人生を歩んでいるおとなたちの存在を考えると、この現実が実は人間としてどれほど不幸なものであるかを、現代に生きるわたしたちは今一度深く考えるべきではないでしょうか。経済市場には、だからこそ正しく利己主義から解放された〝倫理〟が求められるのです。ところで、ここでわたしが使用している〝健全な利己主義〟という概念について一言するならば、それが正当に成立する条件とは自分のすぐ傍らにいる人間、すなわちわたしの隣人の〝健全な〟利己主義をも正当に評価する場合においてです。

同時に、健全な利己主義は自分自身の行動に見られるエゴイズムも、それなりに認知できるはずです。逆にいえば、自らの隣人を正しく認知しないエゴイズムは、歯に衣を着せずにいえば愚者のそれに過ぎません。なぜなら、ある社会が保持する倫理水準は、結局のところそこに生活している人間たちの能力を超えることはありえないからです。自己認知と他者認知とは、表裏の関係にあるのです。だからこそ、〝わたしの隣人〟が保持する〝健全な〟エゴイズムを、あるがままに認め、真摯《しんし》に受容する言動は、本質的に重要なのです。

しかし、では国家は自分に求められた課題を、どのように遂行できるというのでしょうか。わたしの理解によれば、そこには何にも優って言論の自由がすべての前提として存在しなければなりません。とりわけそこで中心となるのは、そこに居住する人々が保障された言論の自由を国民的権利として行使する道を開拓することです。言論の自由の保障は、社会の中で人間の現実が率直に語られ、それゆえに人間をあるがままに認め合う道筋を可能にしてくれます。お互いを人格的他者として認め合うこの自由は、すでにカントが含蓄ある定義を試みているところです。彼は、その理想的あり方を社会的存在としての人間の理想として語っています。すなわち、カントは人間の自由を次のように理解するのです。その際彼は、念頭に〝共生の存在〟としての人間を置いていました。こうした人間理解は、カント哲学の原理を構成する一大要素です。彼は、こう述べています。

「あなたの意志の格率が、いつであれ、同時に一般的な法原則と合致するようにふるまいなさい」。

カントは、これを純粋な実践理性における〝根本原則〟と呼びました。ここでいう理性とは、ただ単に事物や事象を論理的に考え抜くことを意味しません。そうではなく、つねに全体を俯瞰《ふかん》できる人間的能力を指す言葉です。

併せて、わたしはここで今回のわたしたちの主題との関連で、この理性の発動と他の諸課題、すなわち人類、文化圏、国民、環境、経済、社会といった領域との関連についても一言しておきたいと考えます。これらすべては、難問です。しかし、困難な諸問題の解決にあたって、わたしたちはこの理性を豊かに働かせる必要があるでしょう。これは、あらためて指摘するまでもない事柄です。ただし、その理性の発動は、再度申し上げますが単なる論理的思考の力に向けられてはなりません。むしろ、つねに現代の世界全体を広く見渡し、洞察できる力として、理性が発揮されなければならないということです。

これはかなり高度、かつ困難な要求というべきでしょう。率直にいって、現代人の意識の現状は理性的実践の次元にまでいまだ達していないというべきです。こうした現実的な判断能力も、忘れられてはなりません。しかし、なぜ人間意識が、その程度の低い現状に留まっているのでしょうか。意識変革に関して、いったいどのような対案がありうるのでしょうか。

この問いかけに対して、わたしが今提出できる回答はただ一つです。強靭な精神、たくましい情熱が、わたしたちに求められているのです。今定義されたような理性の能力を正しく認知し、不退転の決断に基づく行動へ移行するために、まさにこの精神、この情熱が不可欠だということです。

同時に、わたしは人間の本質的属性としての〝共生〟の課題を具体的に遂行する上で、もう一つの言葉を語らせていただきます。わたしには、これに優る適切な表現を思い出すことができません。それは、愛、とりわけわたしのすぐ傍らにいる人間、すなわちわたしの隣人に対する愛と思いやりという言葉です。

わたしは今、チェコスロヴァキアという外国の地で、この講演をさせていただいております。この国に対して、わたしはどこまでも一観察者の立場にあるわけです。しかし、真摯な観察者でありたいと心から願っています。

そういった立場から、あらためてわたしは自分自身に問いかけてみました。周知の通り、昨年来東ドイツでは自由と民主化を求める国民の運動、しかも暴力を一切伴わない無血革命が勃発し、しかも勝利を獲得したのですが、いったいそれはいかにして可能となったのか、なぜ民衆の勝利として決着したのであろうか、そう自問してみました。その際、この一点は明白です。それは、わたし自身も、個人的に同胞が住む東側地域で生起したこの変革運動を、初期段階からできるかぎり正確に理解しようと鋭意努力してきた一人であるという事実です。ベルリンの壁の崩壊（一一月九日）に至る民主化闘争の展開の中で決定的役割を担ったのは、一九八九年一〇月九日ライプチヒから開始された市民の示威運動、すなわち大規模な多くの社会層による抗議活動でした。

そして、このデモはその後どのように上首尾な展開へと連動していったのでしょうか。もちろん、そこにはさまざまな要因がありえたでしょう。それらが複合的に作用し合い、相乗効果を上げた結果だと考えてもよいでしょう。事実、この無血革命の展開の中では多くの決断が下され、無数の善意が結集しました。しかし、わたしにはとりわけ決定的な二つの要因が、東ドイツ自由革命の成功に貢献したのではないかと思われてなりません。第一に、国際政治の動向から演繹される要因があります。東ドイツのこの民衆革命が、上首尾に進展していったその背後には、ゴルバチョフ大統領をはじめとしたソ連共産党指導部が選択した賢明な、忍耐強い自制心が存在していたということです。

要因の第二には、疲れを感じさせない、そして用意周到な姿勢で、この民主革命に積極的参加を始めた東ドイツ・プロテスタント教会とキリスト者たちの断固たる決意と果敢な行動があったのです。教会や信徒の果敢な革命への参加という点では、東ドイツ・キリスト教徒は八〇年代初期ポーランドのカトリック・キリスト教徒たちとまったく軌を一にした抗議行動を展開したことになります。ポーランドでは、長年にわたるこの国のカトリック教会の積極的な発言と具体的行動が、自由・民主化の実現に対して決定的影響を与えました。

他方、東ドイツのプロテスタント・キリスト教会と信徒たちが今回担った役割は、決して偶然の所産などではありません。なぜなら、教会と信徒たちは自分たちが主と仰ぐイエス・キリストが、何を望んでおられるかを十分知っていたからです。教会が、キリストの心と思いを正しく理解する時、そこには具体的行動に向けた無限のエネルギーが与えられ、育っていくことを彼らは熟知していたのです。イエス自身が、その点に関して次のようにいっておられるからです。

「あなたの敵を愛しなさい。あなた方を憎む人々に対しても、あなたがたは憎悪ではなく、愛と善意を持って接しなさい」(『マタイによる福音書』第二〇章二〇節、ドイツ語版聖書)。

新約聖書で語られているキリストのこの言葉を真摯に受け止めようとする者は、誰であれすでにそこで自分が根源的な意識変革の途上にあると考えるべきでしょう。しかし、この徹底した意識変革が現在わたしたちの中で、本当に起きているのでしょうか。開始されているのでしょうか。それとも、その道をわたしたちが拒否した後に、初めて無理やりその道へ連れていかれるまで実現は不可能だということになるのでしょうか。それが、今緊急にわたしたちに突きつけられている問いかけであり課題です。

(ドイツとチェコの諸都市での公開講演、一九九〇年三月・四月)

カール・フォン・ヴァイツゼッカーの学問と思想

ローマン・ヘルツォーク

親愛なるフォン・ヴァイツゼッカー博士！　あなたの八五歳の誕生日を祝賀するために今日わたしたちは参集いたしました。そして、ここには真に尊敬に値する多くの方々が臨席しておられます。「知識と責任」協会の理事会から本日の祝辞を依頼された時、わたしはごく自然に「喜んでお引き受けしましょう」とお返事をしました。けれども、同時に多少の躊躇があったのも事実です。その任務の困難さを瞬間的に自覚したからです。これほど豊穣に生涯の業績を保持しておられる博士を正当かつ包括的に評価することは、まことに至難の業だからです。その上、わたしの拙《つたな》いスピーチがこの後に続く楽しい晩餐のひとときを壊してしまうかもしれないと恐れたからです。

親愛なるフォン・ヴァイツゼッカー博士、あなたはまことに森羅万象に精通しておられる方です。わたしにとっては文字通り驚嘆に値する人物です。まずこのことを深い確信を持って申し上げたいと思います。あなたは、万象に深く通じた学徒として、また物理学と哲学という固有の専門領域における研究者として、真に卓越した人間でなければ達しえない秀逸の業績を挙げられた偉人の一人です。そのことはあなたに内外の諸大学が、理学博士、哲学博士、神学博士、さらには法学博士といった名誉博士号をそれぞれ授与した事実一つを振り返っても一目瞭然でしょう。実にこれまであなたが挙げられた学問上の業績は、三〇〇点に近い著作・論文の中にはっきり示されています。あなたの半生は文字通り優にわたしたちの一〇〇年以上に匹敵するものであったといってもよいでしょう。そして、そうしたすべての蓄積の中からあなたが引き出された結論を、あなたはご自身が創設者となった学術財団「知識と責任」協会に具体化されたのでした。〝知識と責任〟は相互作用の関係に立っております。両者の関係をこのように表現することも許されるでしょうか。すなわち、より多くの知識を有する者は、より重い責任を負うことが求められている。反対に、より重い責任を担う者は、同時により高い水準において知識に対する首尾一貫性が要求されます。〝エリート〟という概念は、もっともドイツではこの言葉はいつも弁解口調で「言葉の真の意味においては」という表現がつけ加えられて使用されがちですが、知識と責任双方が産み出すところの複合的概念です。それは、例えば業績と責任を媒介とするエリート概念、あるいは理想的人間の潜在的能力と結合したエリート像などに代表されるものだといってよいでしょう。

フォン・ヴァイツゼッカー博士、一九九三年あなたが構想し創設されたこの財団は、まさにこうしたエリート理解をより広範な世界へと仲介し、そこに法人としての社会的貢献の場所を見出すべきだとわたしは確信する者です。同時に、財団は人類の未来における課題遂行に必要な知識を集積していかなければならないでしょう。こうしたプロジェクトに対してわたしは、豊かな成果が挙げられますようにと心から祝意を表明させていただきます。

親愛なるフォン・ヴァイツゼッカー博士！ 謙虚さ、それをわたしたちはいつもあなたの中に見出すのですが、なるほどそれは美徳であります。わたしは、あなたが徹底した〝礼賛嫌い〟の人間であられることを熟知しているつもりです。しかし、このこととの関連でこう申し上げるのをどうぞお許しいただきたいのです。いくら謙遜なあなたでも、いずれの日か他の人々があなたについて、あれこれ語るのを阻止することはできないであろうと。謙譲の美徳と真理の探求との間には大きな亀裂が生じるものです。そして、いずれの日か、いえ、本日のような時には、人は謙譲にではなく真理に傾聴すべきだとわたしは考えるのです。言葉を換えていえば、つつましやかに自分を隠すのではなく、むしろ大胆に自分を語るべきであるということです。

しばしばご自身で語られ、また書いておられますように、あなたの最初期の真理探求は、天文学と哲学から開始されました。コペンハーゲンであなたが一〇歳年上のヴェルナー・ハイゼンベルクと親しい交わりをされたのは、一四歳の時でしたね。彼は当時すでに著名な少壮物理学者でした。しかし、あなたは彼との間に単なる親交を結ばれたのではありませんでした。彼の助言を受け、あなたは物理学への道を志すに至りました。しかも、いうまでもなくハイゼンベルクその人のもとにおいてです。こうしたお二人の公私にわたる親密な交わりを知るにつけ、わたしは自らの若き時代に法学を学ぶべきか、それとも物理学の道へ進むべきか、一年間も悩み抜いた日のことを思い起こさざるをえません。そして、しみじみ思うのです。もし、その時わたしがハイゼンベルク教授、あるいはフォン・ヴァイツゼッカー博士のような存在と出会うことが許されていたのであったならば、間違いなくわたしも物理学者になっていたであろうことを。そうであったならば、わたしのために国家が支出してくれた財政上の経費を少しなりとも節約でき、それがドイツ民族への貢献にもなったでありましょう。しかし、わたし個人の回想はそれまでとし、もう一度あなたご自身のその後の足跡に目を向けたいと思います。二一歳の若さであなたは博士号を取得され、二四歳の時、教授資格請求論文を完成されております。これはまことに早いテンポの前進であるといわざるをえません。今日までのあなたの全生涯を決定し方向づけてきた世界は、天文学、物理学、哲学そして宗教でした。あなたはこれらの諸領域との折衝を通して、わたしたちに驚くべきかたちでマイスター的模範を示してくださいました。すなわち、それぞれの境界線を跳び越えた、一見そう見られがちな対立、例えば自然科学と宗教の間に存在しうる対立を克服するための模範的道筋の提示です。しかも、あなたはそれらをだれもが認める明晰な言語によって提示されたのでした。しかし、このことはドイツにおいてはきわめて希有な行為だというべきです。あなたが使われる言語、それは触れれば理解が即座に可能となると同時に、そこからいっそうの問いかけやもっと深い問いかけを可能にする創造的言語なのです。その好例が、一九九二年に出版されたあなたの著作に、みごとに要約されて出てきます。

「天空の星雲はガスの固まりだ。しかし、まさに神はここに現臨されるのだ」（小杉尅次訳『われわれはどこへ行くのか』ミネルヴァ書房、二〇〇四年）。

物理学、とりわけ核物理学の領域におけるあなたの数知れぬ業績をここで逐一言及することは、文字通り「智恵の女神アテネのもとに、智恵の鳥フクロウを連れゆく」愚かな行為、「屋上屋を架す」ことに他なりません。楽しい今夕のひとときを破壊してしまいかねません。このことは、あなたが今日までの生涯の中で受けられた数々の名誉や顕彰についても同様に該当します。ただ、わたしはこの財団法人「知識と責任」協会名誉総裁という職責上一言申し上げたいことがあります。あなたはすでに一九六一年以降わたしたちのドイツ連邦共和国（旧西ドイツ）の国家功労者として叙勲され、当然のことながらその栄誉にふさわしい足跡を今日まで残してこられた方です。敗戦後に成立した未成熟のドイツ連邦共和国（ＢＲＤ）の歩みの中で、あなたはその出発時から文字通り思想的・倫理的な権威の象徴の一人でありました。その間あなたは、二回にわたり連邦共和国大統領職への就任を要請され、いやより正確に表現するならば、懇請されたのでした。しかし、あなたはそれをきっぱり謝絶されたのです。なぜならば、あなたには、大統領職以上に真に独立自歩の学者の実存の方が、学問的あるいはまた政治的にも、もっと大きな影響を及ぼすことが可能であろうとの確たる信念が存在したからでした。けれども、深く考えますと、このいずれの世界にも、本質的困難さが伴っています。歯に衣を着せない率直な言動をこそ本来の使命とすべき独立自尊の学者には、不確実性という壁との遭遇が存在します。他方、真摯な真実追求をこそ本来的使命とすべき大統領には、「その職責が否応なく要求する現実との一定の妥協」という壁との対決があるものです。そして、最終的に重要視されるべきことは、他の人間が学者や大統領に目を向け、彼らに真に傾聴しようとしているのかという点、さらには学者か大統領がそこから自己責任の原則に基づいて真に主体的な結論を引き出す用意があるのかという点ではないでしょうか。一九六七年は、あなたにとっては現代という時代が抱える多くの深刻な紛争に関連したあらゆる問題に取り組むべき新研究所の創設が多方面から要請された年でした。そこでのプログラムがいかなるものであったかは、創設された研究所の命名に如実に投影しています。すなわち、学問と科学技術世界の生存諸条件の研究を主要目的とするマックス・プランク研究所です。そして、あなたは一九七〇年、ハンブルク大学哲学教授を辞すると同時に、この研究所所長に就任されました。そして、研究所のこうした課題の遂行は、余人をもってしては代え難く、まさにあなたに最もふさわしいものであったとわたしは確信しております。「人間の生存をめぐる諸条件の探求」とは、換言すれば「生き残るための諸条件の探求」に他なりません。時代はちょうど東西両陣営の対立と緊張、熱戦ならぬ〝冷戦〟の時代でした。世界は当時核兵器使用もありうる第三次世界大戦の危機と脅威という〝ダモクレスの剣〟のもとに置かれていたのでした。あなたの研究所が「(予想されるこの)戦争のさまざまな帰結とその防止策」を最初の研究テーマとして設定したのは、まさにこうした世界状況があったからです。

次いで、あなたの研究所は包括的な活動をさまざまなかたちで展開するに至ります。それは世界経済に関わる諸問題に対する二者択一的防御方法の研究や、多様性を伴った社会学の援用から始まり、最後は国内外の環境問題に直結する研究、別言すればある筋に対しては不快感をも与えかねない〝問題提起をなす研究所活動〟にまで及ぶ包括的な取り組みの展開でした。この機会にわたしは力説しておきたいのですが、この現代においてこそこうした批判的問題提起を主体的に行なう研究団体が、以前にもましてより真剣に求められているのではないでしょうか。もちろん、ことは単にそうした批判精神溢れた研究所が誕生すればよいなどといった簡単な問題ではありえません。またアドルフ・フォン・ハルナックも同様な思想に立っていました。決定的に重要なのは、単なる組織の誕生ではなく、組織を活かす具体的な人格、その人格を中心に組織が研究を開始できる、そういった人格の誕生こそが重要なのです。まさに、フォン・ヴァイツゼッカー博士、あなたのような人格の存在です。

ところで、わたしは再度物理学者としてのあなたの研究業績に戻り、一言させていただこうと思います。あなたはすでに原子爆弾が人類に与える脅威を深く認識しておられました。それが決定的契機となって、あなたはハンブルク大学哲学教授の地位を背後に押しやり、(バイエルン州南部)シュタールンベルクのマックス・プランク研究所所長の職責を引き受けられたのでした(一九七〇年)。『人間とは何か——過去・現在・未来の省察』(一九九一年、邦訳二〇〇七年、ミネルヴァ書房)の中で、あなたはこの時期におけるご自身の心境をきわめて明快にこう語っておられます。

「自然科学、とりわけ理論物理学、わたしが長年研鑽を積んできた専門分野であり、現在もこの領域に関係しています。

次に哲学についてですが、わたしの理解によればこれは、わたしたち人間が真に熟考すべきことがら、真になすべきことは一体何であるのかを深く探求する学問だといってよいでしょう。わたしにとってそれは、自然科学の本質とは一体何なのかを究明する試図、あるいは学問的行為を意味します。

第三の政治について一言します。この分野は、わたしには苦しみの伴う営みの世界です。政治論の展開は、原子力時代に人生を送る一物理学者としてのわたしにとって、何といっても苦渋に満ちた試みの敢行であるといわざるをえません」(序言より)。

これは一九九一年という時点でのご発言です。しかし、すでにあなたはずっと早い時期からこの課題遂行の必要性を感じ取っておられました。あなたは、オットー・ハーン博士が一九三九年ウラン原子核の分裂実験に成功したことを、その最初期から知っていた核物理学者のお一人でした。そして、それは時を置かず、ここから人類がまったく想像もできないほどの破壊力を所有する武器の製造が可能であることが、明白になってきたのです。

第二次世界大戦の勃発と共にあなたは、当時わが国で最も重んじられていた物理学者たち共々国防軍の兵器局勤務を命じられるに至ります。しかし、ここであなたはいち早く学問に対する情熱と権力の乱用との間に潜む危険きわまりないわなを感じ取り、次のように考えられたのです。すなわち、当時原子爆弾の製造をすべきか否か決断を迫られていた時、原料となるべき核物質が絶対的に不足していたそうです。そうした客観的状況がこの決断を無意味化してしまったのでした。あなたはこのことを神の摂理であったとさえ感じ取っておられたのです。

同時に、この暗き時代のあなたを支えたのは哲学者ゲオルク・ピヒト教授とあなたとの深い友情であり彼との親しい交わりでした。カント哲学やプラトン、あるいはアリストテレス哲学の世界へとあなたを導いていったのは、他ならぬこのピヒト教授だったのです。哲学に関するあなたの最も重要な業績は、恐らくこのピヒト博士抜きには考えられないでしょう。しかし同時に、物理学上の業績という点で、わたしはもう一人あなたとヴェルナー・ハイゼンベルク教授との出会いと親交を決して忘れてはならないと考えます。

さらにわたしは、奥さまがあなたに提供した個人的な支えをこの場で言及せずにはおられません。ヒトラーの政権奪取後にあなたはこの若きスイス人歴史家、そしてジャーナリストであられたグンダレーナ・ヴィレ嬢と知り合うに至ったのでした。当時のことをずっと後（一九七七年）に、次のように回顧しておられます。

「あの時代の暗い政治の谷間の中で、妻グンダレーナの支えがなかったならば、わたしは到底持ち堪えられなかっただろう。この言葉をわたしはここに書き留めておきたい。そして、いつであれ妻を思い起こす時には、この事実をしっかり記憶に留めておくつもりだ」。

ところで、自らの業績に対して自身がどこまで責任を負うべきかという知の世界の倫理問題は、一般的に学問に従事する者にとって、たとえその結果が彼の意志に反したもの、あるいは自ら予知しえなかった結果を来たしたとしても、きわめて深刻なテーマであります。あなたは戦後一貫して、このテーマと真摯に向き合って歩んでこられた方でした。それは、例えば一九五七年四月一二日に発表された、いわゆる「ゲティンゲン宣言」に直結する足跡の中に瞥見することが可能です。これは、統一前の西ドイツ政府の政策、すなわちドイツの核武装政策に反対する一八人の著名な核物理学者たちが一般社会に向かって彼らの意志を表明した宣言でした。その中には、マックス・ボーン、オットー・ハーン（一九四四年ノーベル化学賞受賞）、ヴェルナー・ハイゼンベルク（一九三二年ノーベル物理学賞受賞）、マックス・フォン・ラウエ、フリッツ・シュトラースマンなどが名前を連ねておりました。しかし、あなたはこの宣言書に賛同者として署名をされただけではありませんでした。宣言文の基本的文章は実はあなたご自身が起草されたのです。周知のように、公表されたこの宣言文の賛否をめぐって当時西ドイツ国内では激しい賛否の議論が巻き起こったのでした。しかしながら、この宣言書はその後の西ドイツ政府の原子力政策に対して一つの基盤を提供しました。その有効性は一九九七年の今でもなお不変です。もっとも、わたしは直ちにこう付け加えなければならないでしょう。その有効性とは、北大西洋条約機構（ＮＡＴＯ）という自由主義諸国間の結束と同盟のもとにおける有効性を指す言葉である、と。

一九八〇年代に入ると、あなたは一般社会に向けて〝宗教（Religion）〟と〝理性的認知（Aufklärung）〟の両者が、相互排除の関係にではなく、むしろ相互に補完し合う関係に立つべきことを、強力に、また熱っぽく語りかけられるようになりました。『新約聖書』中の「マタイによる福音書」に登場するイエスの言葉、いわゆる「山上の教え」（第五～七章）の中に、あなたはキリスト教信仰の中心思想を見ようとされるのです。さらに、そこに根拠を置きながらあなたは、〝平和と正義とこの被造世界としての自然の保持〟を話し合うべく教会による全欧会議の開催を提唱されたのでした。バーゼルでそれが実現します。そして、こうした取り組みの努力は、バーゼル会議（一九八九年）を経て、ついに全世界のキリスト教徒によるエキュメニカルな世界大会へ結実していったのです。この世界会議は一九九〇年三月東アジアの一国・韓国の首都ソウルで開催されるに至りました。もちろん、あなたもこれに参席されたのでした。

けれども、あなたが力を注がれたのは、こうしたキリスト教世界内部における対話や和解の実現に対してだけではありませんでした。キリスト教という地平をはるかに超えてこの世界に存在する優れた文化や独自性豊かな諸宗教間の対話の実現に対しても、熱いまなざしをあなたは注がれたのでした。ヨーロッパ世界で以前にもまして求められてきた国境を越えた諸文化相互の対話と交流は、文字通りあなたによって誘発されたところが大きかったというべきでしょう。

そして、こうした対話と交流は、必然的にわたしたちをして倫理、あるいは道徳といった人間のより根源的な問題に向かわせます。この問題は、あなたが一九九四年に出版された著作『脅かされた平和――現代』の中で正面から論じられています。そこから引用をさせていただきます。

「人間の倫理や道徳をめぐる問題が、科学・技術の発展の背後に決して押しやられてはなりません。真偽を識別すべき理性が、分析的観察の営みの背後に押しやられてはならないでしょう。あるいは、人間の愛をめぐる世界が、権力の背後に閉じこめられることなど決して許されないのです」。

親愛なるヴァイツゼッカー博士、この祝辞を締めくくる最後の段階にやっと入ってまいりました。あなたのご生涯の多領域にわたる実に輝かしく豊かなご成果に対して、わたしは衷心から称賛と敬意を表明させていただきたく存じます。同時に、あなたとグンダレーナ夫人がこれからも御健康と創造力に溢れた、平穏そして幸福な日々をお過ごしになられますようにと心から祈念いたします。

訳者注

この祝辞は、ヘルツォークによる一九九六年六月二三日に八五歳を迎えたカール・フォン・ヴァイツゼッカー博士誕生日祝賀会におけるスピーチである。この祝賀会主催は、一九九四年同博士によって創設された学術交流財団「知識と責任」協会である。スピーカーのヘルツォークはドイツ連邦共和国現職大統領、すなわち統一ドイツ第二代大統領としてこの会に臨席した。彼は一九九四年五月二三日、カール・フォン・ヴァイツゼッカー博士の末弟で、東西ドイツ再統一（一九九〇年一〇月三日）後初代大統領を歴任したリヒャルト・フォン・ヴァイツゼッカー（一九二〇年生）の後任者として大統領に選出され、一九九九年退任、社会民主党（ＳＰＤ）のヨハネス・ラウと交代した政治家・学者である。ヘルツォークは一九三四年四月ドイツ南部ランツフートに生まれ、アビトゥアー合格後はミュンヘン大学で法学を専攻。一九六一年（二四歳で）博士号取得、六三年司法試験合格、教授資格請求論文を翌年に完成させ、私講師（Pribatdozent）を経て、一九六五年憲法学と政治学の教授としてベルリン自由大学（当時）の招聘《しょうへい》を受ける。三一歳の若さであった。その後ヘルツォークは法学徒としてミュンヘン大学やベルリン自由大学などで教えると共に、政治的には一九七一年キリスト教民主同盟（CDU）へ入党し、政治の世界にも関心を見せ始める。二年後には州議会議員となった。憲法学を中心に彼は学問と政治という幅広い社会的活動を展開していき、大統領としての彼の特色もそこに見られるといわれている。その意味で彼は、カール・フォン・ヴァイツゼッカー博士に比肩しうるような学問的足跡を残した人物でもあるといってもよいだろう。東西ドイツ統一の年にはカールスルーエにある連邦憲法裁判所長官を歴任し、統一後のドイツの「基本憲法」制定に重要な役割を果たしたといわれる。学長としてドイツの大学改革にも従事したことでも知られている。実践的・活動的な学究でもある。

このドイツ語原文は、ドイツ南方にあるミュンヘン大学でカール・フォン・ヴァイツゼッカー博士が名誉教授の立場から行った全四回の連続講義 *Wohin gehen wir?: Vorträge und Stellungnahmen*, Carl Hanser Verlag, 1997（小杉尅次訳『われわれはどこへ行くのか』ミネルヴァ書房、二〇〇四年）のオーディオ・ブックス（全講義がそのまま収録されたCD版、Der Hoerverlag, Müünchen 二〇〇〇年）「解説書」に掲載された一文である。訳者は二〇〇六年四月一九日に同出版社、およびこのCD版著作の編集責任者で財団法人「知識と責任」協会専務理事でもあるブルーノ・レデカー博士（Dr. Bruno Redeker）から翻訳の快諾と転載の特別許可を得てここに訳出紹介する。

著者紹介・原著解説

小杉尅次・新垣誠正

二〇世紀を代表する理論物理学者の生涯

カール・フリードリヒ・フォン・ヴァイツゼッカーは、二〇〇七年四月二八日ドイツ南方バイエルン州のシュターンベルク湖畔ゼッキングの自宅で逝去した。享年九四歳。六月二八日を迎えれば、九五歳の誕生日を多くの知友、四人の子女と二〇人を超える孫・曾孫たちに囲まれて祝ったはずであるが、その直前他界した。彼の逝去は現代ドイツを代表する多くの報道機関によって、直ちに国内外に伝えられた。各種メディア、特に日刊・週刊誌は世界的に著名なこの物理学者、哲学者、宗教者（キリスト教徒）、文明史家の死去を惜しんだ。同時に、メディアの多くはこのドイツ人思想家・天文学者の生涯と業績、あるいはその思想や社会的役割に関して、一九三〇年代から二一世紀にかけての足跡をさまざまな解釈と角度から取り上げ、硬軟相交った論評を掲げた。わたしも、それらをドイツ大使館の好意を得て入手し、主な記事と論評には全て目を通すことができた。

一九三三年、博士号取得と共に、ヴァイツゼッカーの学問的生涯が開始された。二一歳であった。そして、二〇〇七年春の死去の時まで、彼は七〇年余学究として歩んできた。その彼の足跡が国内外でどのように受け止められ、いかなる評価をされたか、逆にどれほどの批判にさらされたのか、――今回、わたしは大筋で理解できたように思う。入手した新聞記事や諸文章の中でも、特に『フランクフルト・アルゲマイネ』（日刊）、『南ドイツ新聞』（同）、『ツァイト』（週刊）などが印象深かった。いずれもドイツを代表する良質なメディア機関である。

新聞社の中には写真六枚を用いながら、ヴァイツゼッカーの家族構成、学生時代、ヴェルナー・ハイゼンベルクの指導下に量子力学の研究を開始した少壮学者時代、ゲティンゲン大学教授時代、そして晩年哲学者ユルゲン・ハバーマス共々開始したマックス・プランク研究所（シュターンベルク）時代などを紹介している記事もあった。こういった国内メディアの一般的傾向を見るかぎり、ヴァイツゼッカーの紹介には、いくつか共通点がある。記事や写真に付けられているタイトルと解説を読み比べてみれば、一目瞭然だ。例えば、「物理学と神話学の結合に没頭した生涯」、「理性的神秘主義の人ヴァイツゼッカー」、あるいは「家庭をこよなく大切にし、同時に世界平和の実現のために心労した優秀な物理学者・哲学者ヴァイツゼッカー」などである。

とりわけ、『フランクフルト・アルゲマイネ』に掲載された二種類の文章は現時点でヴァイツゼッカーの生涯と思想、学問上の業績と社会的位置を冷静に確定する上で、わたしには大変興味深かった。第一の記事は一般読者に向けられたもので、いわゆる「訃報伝言板」。第二の文章はヴァイツゼッカーの大きめの顔写真入りのもの。写真の下に編集部によって書かれた説明文が配置されている（いずれも、四月三〇日付の記事）。

「カール・フォン・ヴァイツゼッカー氏、他界。去る四月二八日物理学者・哲学者のカール・フォン・ヴァイツゼッカー氏が、シュターンベルク湖畔ゼッキングの自宅で逝去されました。享年九四歳。謹んで哀悼の意を表します。ドイツの敗戦以降、ヴァイツゼッカー氏は反戦と平和、構造化された戦争の防止と根絶のために挺身された人です」。

「頭上に高く存在する宇宙は、ヴァイツゼッカーを物理学の世界へ、人間の内奥に確固として存在する普遍の道徳律は、彼を政治学の世界へ導いていった。かくして、ヴァイツゼッカーは自然科学と哲学、これら二つの世界を内的・有機的に結合する探求の道にのめりこんでいくことになった。しかし、実際にヴァイツゼッカーが歩み出した人生航路は四〇年代に参画した《ウラン・プロジェクト》から始まり、七〇年代哲学者ユルゲン・ハバーマスと共に始めたシュターンベルク湖畔マックス・プランク研究所とそこでの学際的共同研究にまで及んだといってよいだろう。周知のように、ウラン・プロジェクトは当時の政治状況いかんではヒトラーのために原子爆弾を開発・製造する結果を招来するに至ったかもしれない。このウラン・プロジェクトは、そうした可能性を内に持っていた計画であり、研究であったわけだ」。

これらの文章は、ヴァイツゼッカーが帯びる〝光と影〟の存在を無言の内に指し示しているといってよいだろう。それが彼の逝去を伝える紙面記事においてすでに出現している。この事実はきわめて重いというべきだ。そこからわれわれはあらためて〝歴史の中のヴァイツゼッカー〟へと考察の目を向けていく必要がある。公人・ヴァイツッカーの学問思想、社会的役割と影響、それらが内に秘める光と影、功罪を今こそ冷静に考えようというわけだ。山ほどのドイツ語資料と文献と、わずかな邦語資料・文献が存在する。それらに傾聴しながら考えてみよう。

現代ドイツのヴァイツゼッカー論

先ず、ドイツ語を中心にしたヴァイツゼッカー論を見てみよう。これは、生前と死去後の論稿に分類されるだろう。圧倒的多数が前者に集中している。これは当然である。ヴァイツゼッカー逝去後に発表された論稿やエッセイも、多くはないがすでに見聞されている。その中でも、わたしが最も注目したのは二〇〇九年の著作だ。作家ビルジット・ラビッシュ（Birgit Rabisch）が世に問うた力作で、科学・環境系の小説『呼び出し待機』（*Waruten auf den Anruf*）である。そこでは、物理学者ヴァイツゼッカーを含めたドイツ近・現代史において高名な自然科学者たちの研究と家庭生活、さらには彼らの社会的・倫理的責任といったテーマが、妻たちの言動に焦点を当てるかたちで展開されている。しかも、女流作家の視座と問題意識を中心に探求がなされている。著者はヴァイツゼッカーも一九五九年から一〇年間哲学教授として在職したハンブルク大学で、社会学と心理学などを学んだ〝社会派〟の作家としてよく知られている。一九九二年に出版された彼女の作品は、科学・技術に席巻された現代ドイツ社会を痛烈に批判した内容のドキュメント風小説である。それが『デュプリク・ヨナ』（*Duuplik Jona*）である。この著作は、出版直後フランス、スペイン、そしてイタリアで高い評価を受け直ちに翻訳出版されるに至った。

次に、わたしは単著のヴァイツゼッカー論としてディーター・ハットルプ（Dieter Hattrup）の手になる評伝『カール・フォン・ヴァイツゼッカー』（二〇〇四年）を挙げておきたい。著者はカトリック教会の一神父であり、大学で哲学を講じている神学者でもある。彼はこの評伝の出版に際して副題を練った。結局、〝物理学者、そして哲学者ヴァイツゼッカー〟に落着した。この著作の紹介をわたしは共訳出版したヴァイツゼッカー講演集『人間とは何か』（ミネルヴァ書房、二〇〇七年）の「関連図書紹介」の中ですでにしている。ハットルプは、ヴァイツゼッカーの薫陶を受けた数学者、哲学者、そして大学教授であるが、数学、哲学の二領域で博士号を取得した人物、宗教的にはカトリック司祭でもある。数年来修道院で日々を送る彼と手紙や電子メールによる交流を続けている。科学と宗教、理性と信仰、合理主義と神秘、知識人の社会的責任といったテーマは、ヴァイツゼッカーが生涯全体を通して取り組んだ領域だが、その影響下にハットルプは歩んできたわけだ。その意味で、彼は文字通り恩師（Mentor）ヴァイツゼッカーの終生の課題を忠実に体現し、継承した門下生の一人であるといってよいだろう。

知識人の社会的責任というテーマとの関連で、ヴァイツゼッカー自身の次のような言葉をここで紹介しておきたい。恐らく、ここに表明されている彼の「学者と社会的責任」理解は、一九三九年九月ハイゼンベルクやハーンなどと共に、自身がナチス国防軍兵器局に所属しながら天然ウラン抽出による原爆の開発・製造（右記「ウラン・プロジェクト」）に否応なく関与していった自らの甘すぎた〝権力認識〟に対する痛切な反省と悔悟と自己批判があるからに他ならない。同時に、わたしはこれとの関連でヴァイツゼッカーとほぼ同質の「時代と知識人の責任を」批判的に論じて死去した日本の〝知の巨人〟・加藤周一（評論家・医師）を想起する。彼の著作『私にとっての二〇世紀』（岩波書店、二〇〇〇年）で、加藤はヴァイツゼッカーとまったく同じ問題意識に立つ批判を展開している（同書、七六頁以下参照）。学者・知識人の時代的・社会的責任の探求にとって、この著作は熟読に値する警醒の一書であるとわたしは考える。ヴァイツゼッカーは、こう断言する。

「知識人の役割は、権力の奴隷になることではなく、逆に権力を相対化し、権力を批判することにあるのではないでしょうか。（中略）知識人・学者が、いわゆる学問的客観性を隠れ蓑にして〝中立性〟を保持しようとするならば、それは知的誠実さの欠如以外の何物でもありません。学者は、時局に対して知的誠実さと人間としての首尾一貫性を持って発言し、行動すべきなのです」（一九九七年冬学期、ミュンヘン大学での連続講義から。小杉尅次訳『われわれはどこへ行くのか』ミネルヴァ書房、二〇〇四年）。

日本におけるヴァイツゼッカー論

では、日本語を中心としたヴァイツゼッカー論からわれわれはどのような特徴を確認できるのであろうか。ここでは、日本人以外の、例えば邦訳された外国の資料や文献も念頭に置いて接近したい。日本語翻訳を介した海外文献は、多くはない。しかし、内容の点で信頼と傾聴に値する資料も何篇か存在する。

先ず、ヴァイツゼッカーの実弟で、一九八四年から一〇年間旧西ドイツと統一ドイツ（一九九〇年一〇月誕生）の大統領職を歴任したリヒャルト・フォン・ヴァイツゼッカーが出版した回想録『四つの時代』（*vier Zeiten*、一九九七年。翌年『大統領回想録』として岩波書店から邦訳出版）を挙げるべきだろう。これは、長兄カールとの兄弟・家庭関係から始まり、兄の青年代・物理学研究

（ベルリン、ライプチヒ、ゲティンゲン諸大学で）、ドイツ敗戦に伴うイギリスでの幽閉生活、ナチス戦犯に指定された父親（ヒトラー政権の末期バチカン大使を含め外務省最高ポスト・事務次官歴任）のために弟共々、東奔西走した五〇年代、そして悲願の祖国再統一に至るまでの長兄ヴァイツゼッカーの足跡を〝内側〟から理解する上で、第一級の文献である。〝内側〟からの理解といった点で、わたしは彼の子息、環境経済学者のエルンスト・U・フォン・ヴァイツゼッカーの論稿「同時代人としてのカール・フォン・ヴァイツゼッカー」も必読資料だと考える。この文章は元来先述『われわれはどこへ行くのか』の出版に際して、彼が自ら筆を起こし「日本語版への特別寄稿」として日本に書き送ってくれた経緯を持つ資料でもある。「現代世界と地球環境の保護・保全」、「開発と環境の調和」などの領域で、彼自身が国連の環境部門やアメリカの大学などで研究を率先指導している国際派の学者でもある。彼は、父親カールの全生涯を五点の標語のもとに理解してはどうかと提案する。①天文（宇宙物理）学者、②数学者、③哲学者、④反戦・平和の実践家、⑤自覚的宗教者（キリスト教徒）。ただし、これらは①を除けばわれわれがこれまで論述してきた中ですべて確認したものであるから、特段目新しい指摘ではないと考えてよいだろう。むしろ、わたしとしては後進の学者の立場からヴァイツゼッカー八五歳の誕生日祝賀会の席上でなされたスピーチで（本書二一三頁以下参照）、統一ドイツ第二代大統領ローマン・ヘルツォーク（法学徒、ミュンヘン大総長・連邦憲法裁判所長官など歴任）のヴァイツゼッカー論から触発されるところが大きい。敗戦後ドイツの歴史と社会、学術分野に占める公人・ヴァイツゼッカーの位置と役割が、ここではより正確に語られている。ヘルツォークの発言は、ドイツ国内では今もほとんど知られていない。公席とはいえ一国を代表する大統領が、しかも現職の立場で一私人の誕生日に祝辞を贈るわけだ。一般紙に活字化されることなど、通常ありえない。それだけに、着目する価値がある。

彼のこの文章は音声文献（CD版）解説書に起源を持っている。一九九七年冬ヴァイツゼッカーはミュンヘン大学の名誉教授として哲学科の学生と一般市民を相手に全四回の連続講義を行なった。彼にとってそれは大学における最終講義、〃白鳥の歌〃の性格を持つ講義であった。講義終了後、すべてが直ちに一冊の本として出版された。同時に、収録カセットとCDが書店の店頭に並んだ。このCD版「解説書」に収められたのが、ヘルツォークの祝賀スピーチである。幸い、今回特別許可を得て全文の訳出と紹介が可能となり、この貴重な資料が日本社会にも提供される運びになった。一言で、ここには〃タイタン的知の巨匠ヴァイツゼッカー博士〃（ヘルツォーク）に対する後輩ヘルツォーク大統領の驚嘆と賛辞、羨望と矜持、感謝と祝意が充満しているのである。

とりわけ、わたしにはヘルツォークの〃打ち明け話〃が強く心に迫ってきた。一九七九年ヴァイツゼッカーは、当時の宰相ヴィリー・ブラント（社会民主党党首）から二度にわたって連邦共和国の大統領就任を懇請された。しかし、ヴァイツゼッカーは間髪を要れずブラント首相に「Nein!（いいえ！）」の返事をしたという。あっさり就任拒絶をしたわけだ。この舞台裏の話は実に印象的だ。いや、示唆的ですらある。就任要請を断固辞退したヴァイツゼッカーの理由と根拠は、単純明快であった。政治家の影響力行使以上に、学問従事者としての社会的インパクトが強力であると彼は考えたのだ。決然とした処身と発言の中にわれわれは八〇年代以降、文字通り〝在野の警醒家・文明史家〟として講演と執筆、市民啓発と宗教間対話のために東奔西走したヴァイツゼッカーの面目躍如たる一面を垣間見ることができるだろう。ここにも「知識と責任」の問題が、本質的なテーマとして登場してくる。

ところで、原子核の分裂と融合現象に基づく原爆の開発・製造に関与していったヨーロッパ大陸出身の科学者たちの足跡を追い続け、彼らの歴史的・学問的・道徳的責任を厳しく論じた異色の論稿として、わたしは、ディートリヒ・シュヴァニツ（Dietrich Schwanitz, 歴史家・英文学者）が二〇〇〇年に公刊した歴史書『ヨーロッパ精神の源流』（拙訳、世界思想社、二〇〇六年。原題 *Die Geschichte Europas*）所収の論文を挙げたい。彼は、アメリカ政府の四〇年代「マンハッタン計画」との関連で叙述を進めながら、ヒトラー政権下の前出「ウラン・プロジェクト」を取り上げるのだ。そこには、アルベルト・アインシュタイン、ロベルト・オッペンハイマー、ニールス・ボーア、ハイゼンベルク、ハーンなどと並んで、当然ヴァイツゼッカーの名前と役割、現実的・道義的責任が史実に即して厳しく論じられている。ヴァイツゼッカーにおける「光と影」を認識する上で、彼の文章は必要不可欠な資料となるだろう。

ここから、日本人のヴァイツゼッカー論に移ろう。結論を先取りしていうならば、われわれがこれまで確認してきたヴァイツゼッカーの〝全体像〟提示に比較すると、日本人の業績はほとんどなきに等しい。いわんや、ハットルプの著作のような包括的ヴァイツゼッカー論はまったく出現していない。

ヴァイツゼッカーのドイツ語著作は、これまで一〇冊余邦訳されている（法政大学出版局、岩波書店、新教出版社、ミネルヴァ書房ほか）。「原著解説」や「訳者あとがき」で、彼の素描、全体像の一部が紹介もされてはいる。しかし、その域を出ていない。それが現下の実情である。時間的配列を試みるならば、戦後日本におけるヴァイツゼッカー受容史を多少確認できる。一九六二年がその出発点だ。同年、新教出版社から『信仰と自然科学の対話』が出版された。最初期の翻訳書だ。ここには、別の神学者の論稿と並んでヴァイツゼッカーの学術講演（スイス）が収録されている。翻訳は、当時京都大学・理学部と文学部に所属していた大学院生と教授たちによる共同作業としてなされた。編者「あとがき」を読むと、ほぼ全員がキリスト教関係者のようである。

受容史の途中を省き、直近のヴァイツゼッカー著作の翻訳状況を見るならば、二〇〇四年、二〇〇七年に出版された二冊の学術論文集を挙げることができよう。拙訳『われわれはどこへ行くのか』と『人間とは何か』（共訳。前出、いずれもミネルヴァ書房刊）である。「原著・著者解説」の文章もヴァイツゼッカー論の参考資料となるだろう。この二冊の訳書「解説」の中で、わたしなりのヴァイツゼッカー素描に腐心したつもりである。同時に、これら両訳書の巻末に既記ハットルプの『評伝』をはじめ計一八冊のヴァイツゼッカー著作を、ドイツ語原著タイトル共々紹介している。わたしのヴァイツゼッカー論は、不十分ではあれこれら二訳書に表明されていると理解していただきたい。

では、翻訳書以外の領域ではどのような論稿があるのだろうか。ヴァイツゼッカーその人を、全体像の中で、すなわち知識人・科学者の時代的・社会的・道徳的責任といった問題意識に立って、論じたものとして、わたしは躊躇なく故加藤周一の論稿を挙げたい。それは、彼が朝日新聞に月一度寄稿していた「夕陽妄語」欄の一文で、一九九二年八月「三匹の蛙の話」と題して書いた時局評論である。文章全体が、ヴァイツゼッカー論を中心とした内容になっている。わたしの理解によれば、彼のこの文章が戦後日本において初めてヴァイツゼッカーその人を、その全体像の中で理解しようとしたものである。最初の本格的ヴァイツゼッカー論がここにあるとわたしは考える。単なる学者、あるいは物理学者としてのヴァイツゼッカーではない、単なるヨーロッパ哲学の精通者ではない、単なるキリスト教徒、あるいは単なる反骨精神の所有者、反核・平和運動の推進者としてのヴァイツゼッカーではない全体的理解が、新しい認識の地平のもとで加藤を通して初めて試みられたことになる。加藤個人にとって、科学と倫理の関係、知識人とその社会的・倫理的責任の問題は終生深刻、かつ真摯な課題であり続けたのである。そうした自身の問題意識に立って、彼はヴァイツゼッカーに論及した。現在この文章は著作集『夕陽妄語』Ⅳ（朝日新聞社、一九九四年）に全文が収録されているので、ここでは詳細な議論はしないでおこう。しかし、味読に値するヴァイツゼッカー論がそこでは展開されている点にのみ注意喚起したい。核物理学者・ヴァイツゼッカーにおける「戦争責任」論議も取り上げられている。自身が、内科医として原爆投下直後の広島に直接入って被爆者の施療に従事した体験から、加藤はヴァイツゼッカーの原爆開発研究参加に伴う責任を重たく考えた。だから、彼はその問題性をすでに一九九二年八月の時点で、しかも公的な新聞紙上で指摘せざるをえなかったのである。わたしはそう理解している。われわれにとっても、実に重たく深刻な問題であろう。

実をいえば、拙訳『われわれはどこへ行くのか』は加藤の文章発表から一二年後に公刊されたヴァイツゼッカー講義集で、わたしも地元の「静岡新聞」文化欄でこの邦役書の出版とその現代的意味に関する一文を執筆する機会が与えられた（「二十一世紀へのメッセージ」、二〇〇五年二月）。原著者ヴァイツゼッカー自身も、実はミュンヘン大学での連続講義の中で自分と原爆開発研究との関わりに言及している。その頃、わたしは加藤周一の秀逸なヴァイツゼッカー論（朝日新聞）に初めて出会った。深く、感動した。

拙稿「カール・フォン・ヴァイツゼッカーの学問論と人間観」（二〇〇三年六月執筆。静岡産業大学学術論文集『環境と経営』誌、二〇〇四年六月号）がそこから生み出されたのである。過度の自画自賛が人間性の貧しさの別表現であるとの認識は熟知しているつもりだが、この拙稿も一応全体的文脈を通してヴァイツゼッカーを論じ、理解しようとした学術論文ではある。現時点で、拙稿はまだそれなりに評価されうるであろうとわたしは考えている。過信であろうか。ただ、わたしの場合加藤とは異なり自然科学、とりわけ宇宙物理学や理論物理学、いわんや中性子論や量子理論などに関しては、全的に無知・門外漢である。それゆえに、「物理学とヴァイツゼッカー」、「ウラン核開発とヴァイツゼッカーの功罪」といったテーマを論じる資格が皆無である現実を、率直に告白しておきたい。反対に、「ドイツ近・現代史とヴァイツゼッカー」、あるいは「現代ヨーロッパ世界とヴァイツゼッカーの貢献」などのテーマに関しては、わたし自身の七年にわたるドイツ研究滞在があるので、多少は説得力を持ったヴァイツゼッカー論を展開できるかもしれない。

ここで膨大な数のヴァイツゼッカー著作の中から、とりわけ昨年の3・11東日本大震災と東京電力・福島原子力発電所の爆発事故後の日本における「原子力の安全利用と地球環境保全のあるべき関係」という切実・焦眉の課題を念頭に置きながら、邦訳出版を是非実現してほしいと願いながら、以下の五冊をここに紹介させていただく。地震は天災であるが、原発事故は紛れもなく人災であり、その位置づけと対処は熱情と冷静な理性的判断が要求される。その意味で脱原発推進者・ヴァイツゼッカーから学ぶところが大きいと考える。

（小杉尅次）

1. *Der bedrohte Friede heute*（一九八一年、一九九七年重版、『平和の危機と現代』。講演集）
2. *Wahrnehmung der Neuzeit*（一九八五年、『近代の真意を問う』。ヨーロッパ近代の文明批判）
3. *Zum Weltbild der Physik*（一九四六年、一九九七年・第一四版、『物理学の世界像』。物理学と哲学の関係論）
4. *Die Zukunft des Friedens in Europa*（一九九〇年、『現代ヨーロッパの平和問題』。ドイツ再統一後の時局講演集）
5. *Zeit und Wissen*（一九九四年、『時代と知識』。知識人の社会的責任論）

本書の背景

これまで、ヴァイツゼッカーの学問・思想、それに関連する社会的発言、またその影響および人となりについて紹介を試みた。いわば、〝歴史の中のヴァイツゼッカー〟が明らかにされた。以下後半では、本書の内容について概略を試みたい。

本書は、ヴァイツゼッカーがカール・ハンザー（Carl Hanser Verlag, München Wien）社から一九

九〇年に出版した *Bedingungen der Freiheit* の邦訳書である。一九八九年二月から一九九〇年四月にかけて、ヴァイツゼッカーが発表した論文、講演記録、メディア記事、そして各種スピーチを一冊の著作として出版したものが本書である。この二年間を挟む前後各数年間は、二〇世紀ヨーロッパの一大分岐点を形成した画期的歳月であった。特に、ポーランドをはじめとする東ヨーロッパにおける自由化の要求とそこから沸騰する体制批判が、変革運動として大きなうねりとなって東ヨーロッパ諸国とソヴィエト連邦そのものを飲み込むほどの運動となった。事実、こうした一連の運動は一九八九年十一月一〇日以降に東西ベルリン市民によるベルリンの壁崩壊(Mauerfall)を引き起こし、翌年、一九九〇年一〇月三日のドイツ再統一という歴史的出来事を生起させたのである。すなわち、ドイツ連邦共和国(通称「西ドイツ」)がドイツ民主共和国(通称「東ドイツ」)を編入して、東西ドイツが統一されるという歴史的出来事である。この変革運動は、引き続き、一九一七年一〇月以降七四年間続いた共産主義国家・ソヴィエト連邦(およびその衛星国)の体制を崩壊せしめた。一九九一年一二月三一日のことである。

このようなヨーロッパ現代史の怒涛の時代にあって、現代ヨーロッパが抱える諸問題——これらの諸問題は世界規模の問題でもある——に対してヴァイツゼッカーは、本書では「自由」という立場から論点を明らかにしている。その際、自由は「社会正義」「創造(自然)の保持」と密接に関係するものとして論じられている。

今日、「主導権をめぐる争い」は、政治、経済、宗教などのあらゆる面で後を絶たない。「万人の万人に対する戦い」である。そこでは、対立、紛争、緊張、非寛容、独善、不安心理、恐怖などが吹き荒れている。とはいえ、こうしことは人間本性に属しているものであるから、克服不可能だとして座視するほかはないと決め込んでしまえば、これで問題は解決したということになるだろうかというのがヴァイツゼッカーの問いである。

いわゆる「万人の万人に対する戦い」においては、力のある者が力のない者を征服し、支配し、拘束することは事実として当然のことであって、倫理的承認の有無を問うようなことにではない、という議論は今日においても支配的な考え方である。戦いにおいて力を重視することは事実であり、当然だからである。生きることはすべての他者との戦いであり、競争であって、自らの現状を維持して生き残るためには、絶えず未来に眼を向け、力を保持しつつそれを行使していくことを怠ってはならないからだ。他者に勝って生き残るためには、力を欲望することは当然の成り行きであるはずだ。他人との戦いに勝利するためには、すなわち、敵としての他者を攻撃するためには、強力な矛を作り、また他者の攻撃から身を守るためには強力な盾を作らなければならない。というのは、力は欲望を実現し、欲望の充足は戦いの成果であるからである。そのために生きるための力の準備や力の蓄積を怠ってはならない。そこで、相互不信、不安心理がますます醸成される。なお悪いことに、不信や不安は一人歩きしてますます増大する。ところが、敵に勝つために自らで作った強い盾と強い矛は強い不信、不安の中でかえって自分自身を身動きできない矛盾へ貶めていくことにもなる。力の欲求と相互不信から生じる不安心理は表裏一体のものとなっている。他者に勝利する前に、自らの存立そのものが危うくなるという逆転現象が起こる。まさに自分自身が立ちいかない矛盾そのものに自分自身が出会うことになり、自縄自縛となる。

ゲオルク・ピヒトとの交流と核問題

ヴァイツゼッカーの問いは、このような状況の中でなされている。今日、国家レベルで力を考えると、「核」の問題、すなわち、原子爆弾の問題にまでに行き着く。彼は、すでに一九三九年にゲオルク・ピヒトと共に、この問題を次の三点に収斂させて考えている。第一に、原子爆弾が現実的になれば、実際にそれが製造されること、第二に、原子爆弾が製造されれば、実際に使用されること（それから六年後に実際に投下された）、第三に、原子爆弾は科学・技術のこの時代に、警告の意味を持つ、この三点である（カール・フォン・ヴァイツゼッカー著・小杉克次訳『われわれはどこへ行くのか』ミネルヴァ書房、二〇〇四年参照）。本書においても、同様のことが論じられているが、核との共存という概念のもとで、人類として生き延びるために原子爆弾を未来に対する「警鐘」として理解されるべきことが強調されている。こうして人類は自らが制度化した戦いを乗り越え、自らで破滅から逃れなければならない、と考えられている。

ピヒト自身も、「私は、一九三九年二月に、自分が原子時代の幕開けを同時に体験しつつあるということを知らされた」のは、ヴァイツゼッカーによってである、と述べている（ゲオルク・ピヒト著・斎藤義一監修／浅野遼二・大野篤一郎・河野徳治訳『いま、ここで――アウシュビッツとヒロシマ以後の哲学的考察』法政大学出版局、一九八六年参照）。

ゲオルク・ピヒトについてヴァイツゼッカーとの関連において簡単に紹介したい。

ピヒトは幼い頃からヴァイツゼッカーとは親友であり、思想的にも両者は強く影響を与えあった関係にあった。ピヒトは大学で古典言語学、ギリシア哲学を学び、その後カントやニーチェの哲学や現代の政治・経済の諸問題にいたる広範な分野にまで広く視野を広げて研究を続けた。というのは、ピヒトによれば、理性はただ形而上学という領域に限定されることなく、時代に反映される状況を全体的に把握しなければならないと考えたからである。人間が将来の歴史に対して責任を果たす存在であれば、その根底に理性が基礎づけられなければならない。その根拠は、理性が将来を予見する構成的な・確定的な真理を認識できるとするところにある。理性は時代のあり様を構成的に捉え、またそれゆえに将来にわたってどのような責任を負うことができるかということを探求することにあるからである。理性が歴史的課題に責任を持ち、また将来を予見するということは、理性の重要な働きであるということがその理由である。ピヒトのこのような理性に対する理解はヴァイツゼッカーが本書で述べている「全体を俯瞰できる人間的能力」としての理性と相通じるものがある。真実な認知としての理性が新しい形を生み出すことは両者に共有されているといってもよいであろう。

本書でも、ヴァイツゼッカーは親友ピヒトの業績を紹介しつつ、両者の思想的交流を通して得られた結論について述べている。人間をも正義をも自然をも、その他についても破壊しつくすあらゆる戦いに対する克服へと連動する道は理性的探求にある、としている。

理性的探求とカント

それでは、この結論の根拠はどこにあるのか。ヴァイツゼッカーは、理性に関係する自由およびその獲得にこそその根拠があることを探り当てようとする。その際、カントの「永遠平和論」が参照される。永遠平和を維持するためには、社会的人間は自由でなければならない。自由を保持する人間は、自ら自由に法を定めることができるのであるから、自ら自由に定めた法に自らが従わなければならない。そうした自由においてこそ、権利と義務は発生する。自由・権利・義務はそうした関係の中にある。人間は、いわば、自由に法を制定するという意味で支配者である、と同時に制定された法に従うという意味では、被支配者である。それは同時に存在する。カントはそうした状態を「市民的状態」と定義している。しかしそのような状態は、他人に危害を加えないかぎり何をしてもよいという意味に限定されうるものではないことが、強調される。それは、自らの理性の自由な法則によって定立した法則に自らが従うことだからである。こうして自由は、理性、法則の関係から考えてみても、われわれの生存の只中に確立されている。ヴァイツゼッカーはカントの「市民的状態」の概念を受容し、彼の論を進めている。

彼はまた「健全な人間悟性」についてのカントの定義を援用して人間の諸問題の解明にあたる。その時に重要な意味を持つ人間の意識と行動の変革——これもまた自由の問題——を明確に捉えようとする。

彼はここでもカントの『啓蒙とは何か』に注目する。それによると、人間はまず、自らの未成年状態から抜け出るべきことが説かれる。人間は未成年状態であるほうが責任を取らずに、気楽に生きられるはずである。気楽に生きたいと思うのは自然な気持ちであろう。しかし、あえてそうした状態から抜け出る勇気と決意を持てということである。未成年状態の中にあって、他人任せにして気楽に過ごしたいと怯懦を決め込みたいところを、他人の指導を待たずにあえて自分自身の悟性を自分自身で使用する決意と勇気を持て、という。われはまずわれの責任において、自分自身の精神を訓練して、自分自身からも後見人からも未成年状態を脱し、自身の足で歩を進めていかなければならない。ところでここで、そのわれが他者としてのわれをも含んでいることを忘れてはならない。カントのいう「人間」という概念には、個々の「人格」が含まれているからである。未成年状態にとどまっていることは、自分自身にその責めがあるとはいえ、このくびきを負わせるいわゆる後見人がいることも事実である。その状態から脱すること——ここに自由がある。理性をあらゆる点で使用する自由である。理性を使用する自由がわれ（・われ）を自由にする。先ず自分自身の責任において、自分自身の悟性を他人の指導によらずに、自分自身で使用することがいかに重要であるかということであった。そのためには、「あえて賢かれ（Sapere aude)」、自分自身の悟性を使用する勇気を持て——これがなくてはならない。

ところで、カントにおいてはこのような悟性の使用は、一種の革新・刷新を俟たねばならないはずのものであった。すなわち、それは現状を根底から変えて、事態を新しくしなければならないからである。カントが「あえて賢かれ」といえたことは、悟性の使用の時代の到来を示しており、悟性を使用することができるという革命的出来事が始まったというカントの認識であろう。

健全な悟性

では、今日はどのような時代であろうか。

ヴァイツゼッカーによれば、今日においては「人間の意識の変革《ヴァンデル》」、したがって、「行動の変革」がなされるべきことを説く。この変革はどのようにして可能であろうか。「変革」とは「生活態度の推移」と置き換えが可能であれば、自らの責任で現在の生活態度を「健全な悟性」を使って変革し、併せて「共生」という態度に変革することへの意志である、と理解することは許されるであろう。自らのことについてと同様、人類全体の問題は、われわれにとって現実的な意識化の対象となっているから、すなわち、現実に対して眼を瞑って存在しなかったことにしたいと思って、責任を取らず、逃げることはできても、この共同の問題は厳として存在している。そうした世界の現実に対して「未成年状態」から自らで脱するということは、他人の指示の下にではなく、「あえて賢かれ」と自らでそれを選択する勇気を持って意志することにある。というのは、啓蒙的理性という新しい人生の羅針盤が既に準備されたからである。意識の変革は他人の問題ではなく、自らの責任で行なうことなのである。革命的なプロメテウスの火は燃え続けている。それを燃やし続けていくのはわれわれの責任である。

「理性の使用」はカントにおいて革命的な変化としてわれわれに示された。ヴァイツゼッカーによる「意識の変革」は、人間意識の根本的変革ではなく、人間悟性へと志向することとして理解できる。それは何らかの特別なことが要求されることではなく、自らの生活態度における意識を悟性へと向けるか否かという意志に関わるという含みをもっている。というのは、生来の「健全な悟性」はすでに人間に宿っているのだから、教えられる必要はなく啓発されるだけでよいというカントの認識が、ヴァイツゼッカーにおいても共有されているからである。人びとは、実際に、人間悟性に身をおくことができるはずである。

カントのいう悟性の使用という意識の革新《レフォルム》は時代を経て概念的には完了したという暗黙の了

解がヴァイツゼッカーにも当然あると考えられることから、今日においては、未成年状態から意識的に脱して悟性の使用へといたる「変革」こそがかえって現実的《レアリテート》であり、実態に即している、ということがヴァイツゼッカーの基本的な考えになっている。そして同時に、事柄を現実的に捉える意識の変革には、強靭な精神、逞しい情熱が求められている。その情熱は思慮深さをも併せ持つものである。

「健全な悟性」は、人間に固有な特質として人間相互に備わっている。その意味で、人間は諸問題に対して共通の基盤と客観性を持ち、その情熱的にして思慮深い使用は、多様に生起する諸問題に対して冷静な共通認識へと導き、解決への道筋を与え、情熱を持って問題にあたることを可能にする。人間相互に「健全な悟性」が備わっているがゆえに、人間の相互関係から生じる諸問題を明確に、判明に理解することが可能である。人間の諸問題に対する解決の端緒はここにある。諸問題にあたる情熱と思慮深さもここにある。そして、このような現実・実体を表している「健全な人間悟性」が破壊を目的とする戦いに対して勝利するということがヴァイツゼッカーの主張である。「健全な悟性」は、世界で起こる事柄に対して自らの問題ではないという無関心には無関係に、われ・われの問題であるという公共性を与え、「自分自身の悟性をあえて使用しようとする決意と勇気」を持って、悟性の対象として深い関心を起こさせ、諸問題を解決の方向へと導く。したがって、人間相互に「健全な悟性による感覚と判断」が「期待され、要請され」ることは、人間として自然の成り行きである。

ところで、「健全な悟性」という言葉には、自分と他人の立場とを入れ替えてみても、お互いに齟齬なく理解・了解が得られることが可能であるという含みをもつと考えられる。ということであれば、「健全な悟性」という概念は、自他という相互を結びつけるものでなければならない。その意味で「健全な悟性」とは、一方的に他者を独善的に強制するという独りよがりの立場とは異なる概念である。全く逆である。独善ではなく、「共生」が「健全な悟性」に根づいている概念である。したがって、「われ」の問題は「われ・われ」の問題として共通認識される。事柄は共存する人間相互の問題として共通認識されることになる。そのような共存・共生の中で「人間の健全な理性」から現出するものは、今日、「豊かな成熟した分別の心をもってこの時代の科学・技術の営み全体を正しく制御可能な倫理的力」として「発揮されてくるのでなければならない」とヴァイツゼッカーは述べている。われ・われ人間の豊かな成熟した分別が、この科学・技術の時代において徹底した「意識の変革」を自らに可能にし、ここから「行動の変革」も同時に進行する。

「あえて賢かれ」は今日でも有効である。しかしその際、ヴァイツゼッカーによれば、賢さとは「機略と才覚に富む」ことではなく、「叡智と思慮に溢れて」いることとして理解されねばならない。賢さに関わるサピエンティアとは、この場合、目的遂行手段を正しく統御できる能力であり、その結果として、理性による真実な認知が別の新しい形を作り出し、人間的・社会的環境の新しい整備へと導くことを可能にする。理性とは、単に事物や事象の論理的能力のことではなく、「全体を俯瞰できる人間的能力」のことである。であれば、全体という観点から考えてみると、狭い枠の中で見る合理的人間中心主義から自らを自由にし、人間も他の生き物同様に広い意味での「自然の子」であるという認識を確認することが必要である。人間は自然界と一体であり、したがって自然界の一部であり、人間存在も他の生物と同様に自然の子であるという確認である。張りつめて生きる絶対的人間中心主義から全体との関連づけの中で、ある種ゆとりを持った相対化された人間観への移行が、今日、われわれとって平和を与えるものとなろう。環境という競争に勝つという意味で、「適者生存」が可能であとすれば、飢えと渇きで苦しむ人間の存在をどのように考えればよいのであろうか、とはヴァイツゼッカーの問いである。人間中心主義に考えられている自然・環境における問題、真の意味での人間とは何かということがここで浮き彫りにされる。

人間は、実際に、世界中で共存して生きている。いかなる国においても、いかなる個人も単独で生きることはできない。至極当然である人間的共生があらゆる点でないがしろにされているということは衆目の一致するところである。それは人間の事実からも、自然からも、乖離した考え方であるということにならないだろうか。このような疑問にヴァイツゼッカーは答えようとしているのではないか。

人間的生と共存

人間的生は共存・共生・連帯などにおいてである。人間が自らを自らに育て上げることができるのは、自らの内外にあるわれ・われ――ここには環境も含まれる――によってである。

共存・共生・共働・連帯などにおいて「生産的相互関係」を結ぶ人間は、叡智を結集して時代の悪弊が矯正可能の方向へ志向する。こうした志向は人間の欲求でもある。自我のみの欲望の充足から、独善といった自我への固執からの開放がここに確認される。「全体を俯瞰できる人間能力」は、自らの自然的な自発性が備わっていることによって自らの資力を発揮できるという確認である。人間は、この意味で、自己絶対化・自己正当化からは自由である。このような関係行為から表出される人間の意志をどのような現実として受け止めればいいのだろうか。自己正当化から開放された自由な意志は、それを持つ者同士の「共鳴しあう心」として表われ、共鳴および意志が言葉と補完しあい、「感受性」が共有される。ここにはまた、社会正義および人権（相互承認とその保障）の問題が生起する。そして、この両者の、あるいは関係するすべての人の補完行為から真の認知が生まれ、決断や行動はそこからなされる。対話という行為、意志の疎通による行為が、あらゆる面で求められ、堅持される。そして、相互の尊重において、自己は他者に傾聴するという対話が始まり、相互理解が可能になる。このことは本書の随所で示されている。

共存しながらなお自己そのものについて、いわゆる自己保存の問題については、どのように考えればよいのであろうか。というのは、ヴァイツゼッカーにとっては「健全な利己主義」はわれわれを生かすものであると考えられているからである。

「われ・われ」は、また「われ」として一人の人間としても生きていかなければならない。そこから「利己主義」の問題が起こるべくして起こってくる。しかしながら、利己主義の問題はそれ自身が大きな問題であるから、その結果、他の多くの問題をかすませてしまうことにならないか。その心配はない。というのは利己主義に形容されている「健全な」という用語には、前述のように相互承認がその根底を支える概念となっているからである。共生という関係における利己主義は、相互に承認されているからである。利己的行為という自己の認知は、他者との関係行為において他者認知にあるという表裏の関係を持っている。自らの利益を得るためには、知性や勤勉等の工夫が喚起されねばならず、それは他者の場合も同様である。お互いの創意工夫による私益が、結局は公益になるというアダム・スミスの思想が批判的にヴァイツゼッカーにも受容されている。自己は自らの利益を求めて生きる権利を持っていると同様に、隣人の健全な利己主義は正当に承認される。共生という関係行為からすれば、相互承認を否定する「私益のみ」という自己の絶対的思い込みから生じる簒奪行為はここにはない。創意・工夫して自己をますます伸展させ、自らの生を作り出すという利己主義はそれが正当に相互に承認されているがゆえに、利己主義にその適切・正当な場としての拠点を与えているだけではなく、それは社会の利益になる。

科学・技術と宗教

科学・技術についてはどのように考えればよいのであろうか。

科学・技術の進歩は日進月歩しており、飛躍的な勢いにある。その恩恵は計り知れない。しかし、物理学者としては、ヴァイツゼッカーは科学・技術に対しては辛口である。それは、科学が簡単に非科学に逆転するという可能性を秘めているとするからである。例えばこういうことである。「もし科学・技術が単純に自身の巨大な力を目的遂行にのみ行使することを考え、そこから派生する副作用に対して何の関心も抱かないとするならば、そうした科学や技術は反科学的」にさえなるという。また、あることが技術的な観点からして可能であれば、そうした技術をすべて実行するという考えや行動は無意味で、愚行ですらあるという。それどころか、そうしたことは技術自体を否定することと同じ行為であるともいう。これこそ、非科学的・反科学的であるという批判である。核物理学の専門家としての発言である。日進月歩にある科学・技術であっても、それはまだ未成熟状態にあるという自覚を彼は持っている。このような批判的発言から考えられることは、科学・技術の無批判的受容がいかに人類を破滅に導くものであるかということに対する警告である。この場合、学問的に中立的立場をとるという態度は困難になる。科学・技術の中でそれが実用化可能であるとして、その実用化に対する善悪の評価を下す意志的決定が要求されるからである。それは、科学者としての個人を含めた「われ・われ」の問題であるからだ。そうであれば、科学を反科学に逆転させないために、ここでも人間意識と行動の改革・変革は急務である。人間として自らが意識を変革するという勇気を持って。

宗教についてはどうか。

キリスト教は歪に自らの宗教を内面化し、彼岸の世界に閉じ込めてしまったとするヴァイツゼッカーの批判の根底には、次のような認識がある。すなわち、「豊かな多様性を内に秘めた文化は、宗教によって担われ」ているという認識である。日常生活の集積がそれぞれの独自の文化を創造しているのであるから、「その可視的形態はそれぞれの宗教によって大きく異」なることは、当然である。この意味からしても、宗教的混淆が起こらないように十分な注意が払われねばならない。各宗教の持つ思想的背景はそれぞれに異なり、その宗教が代え難い重い日常生活を形成しているという承認は重い。独自の文化を担っている各宗教は最高の宗教的思想を日常的生活との関連において表現すべく理性的言葉で独自色を持って説明することに努めている。各宗教に対する尊敬は、一種の義務であるということになろうか。信仰上の真理をめぐって積極的に他宗教との対話を試みるということに対する心理的恐怖は、取り去ることのできないものであろうか。

ヴァイツゼッカーは自らキリスト者としてこのことを自身に引き受けつつ、キリスト教世界に対して（批判を含めて）発言をしてきた。ここでもわれはわれと共生する他者を尊敬することが明確化されている。

健全な人間悟性に向けた変革

これまで述べてきたことは、自由を喪失して効率だけを追い求めてきたように思えるこの世界では、何か立派なことであるとはいえ、いやむしろ、立派なことであるがゆえに、実行に移すことは不可能ではないかと絶望の中で困惑するしかないのだろうか。確かに上述した内容は、簡単に実践できるものではないなだろうし、困難をも伴うことは明らかであろう。それゆえ、一種の楽観論ではないのか。もしくは空論か。であれば、こうした考え方は、そもそも不可能である、と言い切ってしまえば済まされることになるだろうか。

人間自らを理性的存在として定立し、また自らのあり方を自由な存在として認知する時、楽観論は現実となる。「健全な人間悟性」の使用が可能だからである。意志と勇気を持って、人間の持つ理性・悟性を健全な形であえて役立てることは、人間が人間らしいことをすることではないか。ヴァイツゼッカーが、「健全な人間悟性」へと意識の変革・行動の変革をすることこそが現実的であり、急務であるとするのは、独善、偏見、不安等に代わって、自由や正義がわれ・われとすべての地域とそれを超える世界の中で実現が可能となるからである。現実的苦悩の中で悪戦苦闘しつつ諸問題や難問に向かっているわれわれは、人間的に相互に補完しあっていることを認識することによって、「共鳴しあう心」へと意識の変革・行動の変革――精神的根源的変革――へと志向することが、かえって現実的解決を可能にする。理想主義は力強い現実主義になる。それは変革するという意志と勇気を伴うことではあるが。

読者が本書から学ぶものは多方面にわたってあると思うが、知る喜びと実践への志向（あるいは勇気）は通奏低音を響かしているように思われる。

（新垣誠正）

訳者あとがき

原著者ヴァイツゼッカーの抜群の大器ぶりは、大学在学中二一歳で博士号を取得し、その三年後には招聘さえあればドイツ語圏のいずれの大学でも正教授として教えられる「教授資格請求論文」を完成させたという一事を回顧しても容易に理解できるだろう。生前に授与された名誉博士号からも、その数や授与先、分野・団体から考えるとヴァイツゼッカーの偉才が伝わってくる。自然科学分野では、ライプチッヒ大学（旧東ドイツ時代）から理学博士号、社会科学部門ではオランダの大学から法学博士号、国内テュービンゲン大学と隣国スイス・バーゼル大学から神学博士号、ベルリンとアーヘン両大学から哲学博士号が、それぞれ授与されている。ドイツ政府から国家功労賞の栄誉も与えられた。国内各州の学術団体、オーストリア、クロアチア、フランス、アメリカ、オランダなどの諸団体から彼は度々顕彰され、表彰を受けている。その数は数え難いほどだ。そうした意味で、カール・フォン・ヴァイツゼッカーは現代ヨーロッパ、アメリカ両大陸を代表する実力派学者であり、知識人であるといっても過言ではない。まさに、この時代における〝知の巨人、識の怪物〟である。

本書の訳出を終えて、わたしたちの心に強く迫ってきたのは、二三年前のあの「ベルリンの壁」崩壊と一年後成就した東西ドイツの再統一（一九九〇年一〇月）、それらに象徴される現代ヨーロッパの大地殻変動と大激変の文字通りど真ん中で、ヴァイツゼッカーが知性人として披瀝した沈着冷静さと公平で透徹した歴史感覚、そして時代認識の姿勢であった。ドイツの再統一は、〝無血革命〟の成功に対する歴史の報酬であったが、しかし二〇一二年の現時点から数えれば、それはすでに二二年もの過去の出来事である。確かに、それらは二〇世紀の最後半期に勃発したヨーロッパ大陸の、とりわけ東部地域を中心とした戦後最大の大変革ではあった。ヨーロッパ連合（ＥＵ）のその後の進展ぶりやロシア共和国の誕生、あるいは旧東ヨーロッパ諸地域・国々の独立主権の獲得などを回顧するならば、一目瞭然であろう。

けれども、現時点でこうした二二年の最近史を冷たく〝歴史の必然〟として単純化してはなるまいとわたしたちは考える。別言すれば、ドイツ人としてその激中に身を置きながら発言し、行動したヴァイツゼッカーとその言動や著作を二二年前の現実から正しく評価しなければならないということだ。そこに披瀝された彼の〝異常なほど〟の冷静さと透徹さを、改めて考えてみようというわけである。わたしたちは彼の時代分析と認識に正直驚嘆を禁じえなかった。

しかし、だからといって、原著者を手放しで礼讃しようという意図などわたしたちはまったくない。ドイツ現代史では、六〇年代後半に入ると第二次世界大戦を知らない戦無派世代の若者たちによって、ナチス時代のおとなたち、すなわち戦中派世代が激しく批判され、糾弾された。この若者たちは後に〝反逆の世代〟と呼ばれるに至った。そして、核物理学者ヴァイツゼッカーも次第にこれら青年たちの激しい批判と糾弾の矢面に立つことになった。ただし、彼の場合、当時の支持政党が社会民主党（SPD）であったこと、またこの政党が六〇年代後半に政権奪取を実現させたこともあって、直接的批判や攻撃は受けなかった。反対に、大統領就任の要請さえ受けたのである（先述）。若者たちの批判は、むしろ、ヒトラー政権下で外務事官を歴任した父親（エルンスト・フォン・ヴァイツゼッカー）に向けられていたと考えるべきだろう（詳細は、「著者紹介・原著解説」参照）。

要するに、ここでわたしたちはヴァイツゼッカーに無思慮な賛辞を呈そうとしているわけでは毛頭ないということだ。そうではなく、本書を通して読者諸氏が現代に生きる者として、原著者に触発されながら科学と人間、知識人とその社会的責任、理性と信仰などの大切な課題と自らが取り組むことによって、少しなりとも自分の視野と認識を広げていただけたらと願っているのである。

今回も、わたしたちが共訳で出版する本書は、ヴァイツゼッカーの膨大な知的宝庫の森から生み出された論集だが、原著は一九九〇年に公刊されている。著者八二歳の時の著作である。第一章から第四章までを新垣が担当した。「はじめに」、第五章から第七章、ローマン・ヘルツォーク氏の「カール・フォン・ヴァイツゼッカーの学問と思想」は小杉が訳出した。訳語の統一や文体の整理を含めて、わたしたちは沖縄と静岡を挟んで頻繁に連絡と確認をし合ったつもりである。約一年半かけて、翻訳作業は終了した。

最後に、ミネルヴァ書房編集部の安宅美穂さんには、忍耐と誠実を持ってわたしたち二人と最後まで同道していただいた。「美穂さん、どうもありがとう！　本当に、お疲れさま！」の言葉を感謝と共に献じたいと思う。

二〇一二年八月一五日　平和と反戦の記念日に

小杉尅次
新垣誠正

われわれはどこへ行くのか　C・v・ヴァイツゼッカー著　小杉尅次訳　四六判二八八頁　本体三五〇〇円

人間とは何か　C・v・ヴァイツゼッカー著　小杉尅次・新垣誠正訳　四六判五〇四頁　本体四〇〇〇円

50のドラマで知る世界の歴史　マンフレッド・マイ著　小杉尅次訳　四六判四七二頁　本体三五〇〇円

50のドラマで知るヨーロッパの歴史　マンフレッド・マイ著　小杉尅次訳　四六判四〇〇頁　本体三〇〇〇円

哲学的思考の論理　田中純生著　四六判二一〇頁　本体二八〇〇円

社会哲学講義　田村正勝著　四六判二八二頁　本体三四〇〇円

オックスフォード ヨーロッパ近代史　T・C・W・ブランニング編著　望田幸男・山田史郎監訳　A5判三八〇頁　本体四〇〇〇円

ヨーロッパのなかのドイツ　●一八〇〇〜二〇〇二　ヴォルフ・D・グルーナー著　丸畠宏太他訳　A5判四三二頁　本体六五〇〇円

ミネルヴァ書房

http://www.minervashobo.co.jp/

《訳者紹介》

小杉尅次（こすぎ・かつじ）

1942年静岡県天龍市（現浜松市）に生まれる。
ドイツ・ハンブルク大学博士課程（1983年1月，同大から Ph. D. 取得）。
元静岡産業大学教授。専門：地球文明学・哲学。
主要著訳書
『現代世界と人間復権』（明石書店，2003年）
『抗日民族論』（ペク・キワン著，柘植書房，1975年）
『われわれはどこへ行くのか』（カール・フォン・ヴァイツゼッカー著，ミネルヴァ書房，2004年）
『ヨーロッパ精神の源流』（ディートリヒ・シュヴァニツ著，世界思想社，2006年）他

新垣誠正（あらがき・せいしょう）

1941年沖縄県那覇市に生まれる。
東京教育大学大学院文学研究科修士課程修了。
沖縄国際大学名誉教授。専門：倫理学。
主要著訳書
『倫理学』（共著，北樹出版，1978年）
『人間存在の根本問題』（ウィルヘルム・シュタインベルク著，共訳，杉山書店，1987年）
『非暴力思想の研究』（ウィリアム・T・ランドール著，共訳，東洋企画，2002年）他

自由の条件とは何か 1989～1990
――ベルリンの壁崩壊からドイツ再統一へ――

2012年10月20日　初版第1刷発行　検印省略

定価はカバーに
表示しています

訳　者　小 杉 尅 次
　　　　新 垣 誠 正
発行者　杉 田 啓 三
印刷者　坂 本 喜 杏

発行所　株式会社　ミネルヴァ書房
607-8494 京都市山科区日ノ岡堤谷町1
電話代表 (075) 581-5191
振替口座 01020-0-8076

©小杉尅次・新垣誠正，2012

冨山房インターナショナル・兼文堂

ISBN 978-4-623-06399-4
Printed in Japan

《著者紹介》

カール・フォン・ヴァイツゼッカー（Carl F. von Weizsäcker, 1912-2007）

専門：理論物理学・哲学・キリスト教神学。ハイゼンベルクのもとで博士号（Ph. D.）取得。後に，内外諸大学から名誉博士号（法学・神学・哲学・理学）が授与される。ゲティンゲン，ハンブルク大学の物理学・哲学教授やミュンヘン大学名誉教授。

1912年6月海軍武官の父親の勤務地，ドイツ北西部の港湾都市キールに生まれる。ベルリン，ライプチヒほかの大学で，物理学・天文学・哲学を学ぶ。ヴァイマール共和国成立後，外交官に転進した父親（ヒトラー政権下で外務次官やバチカン大使を歴任。戦後ニュルンベルク裁判で戦犯判決を受け服役）の外地転任に同伴し，スイスやノルウェーなど海外諸国で幼少期を過ごす。そうした体験を通して彼は豊かな国際感覚を身につけた。本書でも，成人後の彼の世界・時代・政治に対する距離感や認識，文化・宗教・人間観に決定的影響を与えたと述懐している。24歳でハーンやハイゼンベルク（共にノーベル賞受賞者）の指導下，後に「ベーテ＝ヴァイツゼッカー理論」と呼ばれた理論物理学上の新理論を発表し少壮科学者として未来を嘱望された。同時に，盟友・哲学者のゲオルク・ピヒトの影響を受けて，学問上の関心を次第に哲学の領域へ向けていく。第二次世界大戦末期，ハーンやハイゼンベルクなどとともに“原爆製造の嫌疑”を受けてイギリスに拘留された。釈放後，ゲティンゲン大学，ハンブルク大学などで自然科学・哲学・神学の研究に専念する。他方，批判的核物理学者として50年代西ドイツ政府の「核武装化構想」に厳しく対決した。絶対平和主義者として運動の先頭に立ちカント的平和論を強力に主唱（ゲティンゲン宣言）し，戦後ドイツの安全保障政策に大きな影響を与えた。統一ドイツ初代大統領リヒャルト・フォン・ヴァイツゼッカーは，彼の末弟にあたる。《物理学の哲学的根拠づけ》が彼のライフ・ワーク。1970年から要請により彼はミュンヘン近郊シュターンベルクのマックス・プランク研究所所長に就任し，社会哲学者ユルゲン・ハバーマスと共に，学融合的総合研究を開始した。現代学問のあるべき体系化，自然科学・人間科学・社会科学三領域の現実的統合化に没頭する。去る2007年4月28日満95歳誕生日を前に逝去。その死去は直後，週刊理論誌『シュピーゲル』や日刊紙『フランクフルト・アルゲマイネ』など，国内有力紙に大きく報じられた。《戦後ドイツとヴァイツゼッカーの役割》がそこでの最大のテーマ。多彩な門下生たちによる全集出版企画も進行中。彼の主要著作は，『われわれはどこへ行くのか』（2004年）と『人間とは何か』（2007年，いずれもミネルヴァ書房）の「訳者解説」，「原著・著者解説」と本書の「著者紹介・原著解説」を参照されたい。

人名索引

(神名も含む)

ア 行

カ 行

サ 行

タ 行

ナ 行

ハ 行

マ　行

ヤ・ラ行

事項索引

タ　行

ナ　行

ハ　行

マ　行

ヤ　行

ラ・ワ行